FRATELLI TUTTI

Dans la même collection « Documents d'Église »
dirigée par le père
Hugues de Woillemont
Secrétaire général
de la Conférence des évêques de France

Encycliques de Benoît XVI

L'Amour dans la vérité (Caritas in veritate), 2009
Sauvés dans l'espérance (Spe salvi), 2007
Dieu est amour (Deus caritas est), 2006

Encycliques du pape François

La Lumière de la foi (Lumen fidei), 2013
Loué sois-tu (Laudato si'), 2015

PAPE FRANÇOIS

FRATELLI TUTTI

Sur la fraternité et l'amitié sociale

Lettre encyclique

Documents d'Église

BAYARD ÉDITIONS – MAME
LES ÉDITIONS DU CERF

Bayard Éditions
18, rue Barbès
92128 Montrouge cedex
ISBN 978-2-227-49944-7

Mame
57, rue Gaston Tessier
75019 Paris
ISBN 978-2-728-93036-4

Éditions du Cerf
24, rue des Tanneries
75013 Paris

ISBN 978-2-204-14297-7

LETTRE ENCYCLIQUE

FRATELLI TUTTI

DU SAINT-PÈRE
FRANÇOIS

SUR LA FRATERNITÉ
ET L'AMITIÉ SOCIALE

1. « *Fratelli tutti* »,[1] écrivait saint François d'Assise, en s'adressant à tous ses frères et sœurs, pour leur proposer un mode de vie au goût de l'Évangile. Parmi ses conseils, je voudrais en souligner un par lequel il invite à un amour qui surmonte les barrières de la géographie et de l'espace. Il déclare heureux celui qui aime l'autre « autant lorsqu'il serait loin de lui comme quand il serait avec lui ».[2] En quelques mots simples, il exprime l'essentiel d'une fraternité ouverte qui permet de reconnaître, de valoriser et d'aimer chaque personne indépendamment de la proximité physique, peu importe où elle est née ou habite.

2. Ce Saint de l'amour fraternel, de la simplicité et de la joie, qui m'a inspiré l'écriture de l'encyclique *Laudato si'*, me pousse cette fois-ci à consacrer la présente nouvelle encyclique à la fraternité et à l'amitié sociale. En effet, saint François, qui se sentait frère du soleil, de la mer et du vent, se savait encore davantage uni à ceux qui étaient de sa propre chair. Il a semé la paix partout et côtoyé

[1] *Admonitions*, 6, 1 : Écrits, vies, témoignages, Cerf, Éd. Franciscaines (2010), p. 287.

[2] *Ibid.*, 25 : Écrits, vies, témoignages, Cerf, Éd. Franciscaines (2010), p. 294.

les pauvres, les abandonnés, les malades, les marginalisés, les derniers.

Sans frontières

3. Il y a un épisode de sa vie qui nous révèle son cœur sans limites, capable de franchir les distances liées à l'origine, à la nationalité, à la couleur ou à la religion. C'est sa visite au Sultan Malik-el-Kamil, en Égypte, visite qui lui a coûté de gros efforts du fait de sa pauvreté, de ses ressources maigres, de la distance et des différences de langue, de culture et de religion. Ce voyage, en ce moment historique marqué par les croisades, révélait encore davantage la grandeur de l'amour qu'il voulait témoigner, désireux d'étreindre tous les hommes. La fidélité à son Seigneur était proportionnelle à son amour pour ses frères et sœurs. Bien que conscient des difficultés et des dangers, saint François est allé à la rencontre du Sultan en adoptant la même attitude qu'il demandait à ses disciples, à savoir, sans nier leur identité, quand ils sont « parmi les sarrasins et autres infidèles … de ne faire ni disputes ni querelles, mais d'être soumis à toute créature humaine à cause de Dieu ».[3] Dans ce contexte, c'était une recommandation extraordinaire. Nous sommes impressionnés, huit-cents ans après, que François invite à éviter toute forme d'agression ou

[3] St. François d'Assise., *Règle non bullata* des frères mineurs, 16, 3.6 : Écrits, vies, témoignages, Cerf, Éd. Franciscaines (2010), p. 208.

de conflit et également à vivre une “soumission” humble et fraternelle, y compris vis-à-vis de ceux qui ne partagent pas sa foi.

4. Il ne faisait pas de guerre dialectique en imposant des doctrines, mais il communiquait l'amour de Dieu. Il avait compris que « Dieu est Amour [et que] celui qui demeure dans l'amour demeure en Dieu » (*1Jn* 4, 16). Ainsi, il a été un père fécond qui a réveillé le rêve d'une société fraternelle, car « seul l'homme qui accepte de rejoindre d'autres êtres dans leur mouvement propre, non pour les retenir à soi, mais pour les aider à devenir un peu plus eux-mêmes, devient réellement père ».[4] Dans ce monde parsemé de tours de guet et de murs de protection, les villes étaient déchirées par des guerres sanglantes entre de puissants clans, alors que s'agrandissaient les zones misérables des périphéries marginalisées. Là, François a reçu la vraie paix intérieure, s'est libéré de tout désir de suprématie sur les autres, s'est fait l'un des derniers et a cherché à vivre en harmonie avec tout le monde. C'est lui qui a inspiré ces pages.

5. Les questions liées à la fraternité et à l'amitié sociale ont toujours été parmi mes préoccupations. Ces dernières années, je les ai évoquées à plusieurs reprises et en divers endroits. J'ai voulu recueillir dans cette encyclique beaucoup de

[4] Eloi Leclerc, O.F.M., *Exil et tendresse,* Éd. Franciscaines (1962), p. 205.

ces interventions en les situant dans le contexte d'une réflexion plus large. En outre, si pour la rédaction de *Laudato si'* j'ai trouvé une source d'inspiration chez mon frère Bartholomée, Patriarche orthodoxe qui a promu avec beaucoup de vigueur la sauvegarde de la création, dans ce cas-ci, je me suis particulièrement senti encouragé par le Grand Iman Ahmad Al-Tayyeb que j'ai rencontré à Abou Dhabi pour rappeler que Dieu « a créé tous les êtres humains égaux en droits, en devoirs et en dignité, et les a appelés à coexister comme des frères entre eux ».[5] Ce n'était pas un simple acte diplomatique, mais une réflexion faite dans le dialogue et fondée sur un engagement commun. Cette encyclique rassemble et développe des thèmes importants abordés dans ce document que nous avons signé ensemble. J'ai également pris en compte ici, dans mon langage personnel, de nombreuses lettres et documents contenant des réflexions, que j'ai reçus de beaucoup de personnes et de groupes à travers le monde.

6. Les pages qui suivent n'entendent pas résumer la doctrine sur l'amour fraternel, mais se focaliser sur sa dimension universelle, sur son ouverture à toutes les personnes. Je livre cette encyclique sociale comme une modeste contribution à la réflexion pour que, face aux manières

[5] *Document sur la fraternité pour la paix mondiale et la coexistence commune*, Abou Dhabi (4 février 2019) : *L'Osservatore Romano*, éd. en langue française (12 février 2019), pp. 10.

diverses et actuelles d'éliminer ou d'ignorer les autres, nous soyons capables de réagir par un nouveau rêve de fraternité et d'amitié sociale qui ne se cantonne pas aux mots. Bien que je l'aie écrite à partir de mes convictions chrétiennes qui me soutiennent et me nourrissent, j'ai essayé de le faire de telle sorte que la réflexion s'ouvre au dialogue avec toutes les personnes de bonne volonté.

7. De même, quand je rédigeais cette lettre, a soudainement éclaté la pandémie de la Covid-19 qui a mis à nu nos fausses certitudes. Au-delà des diverses réponses qu'ont apportées les différents pays, l'incapacité d'agir ensemble a été dévoilée. Bien que les pays soient très connectés, on a observé une fragmentation ayant rendu plus difficile la résolution des problèmes qui nous touchent tous. Si quelqu'un croit qu'il ne s'agirait que d'assurer un meilleur fonctionnement de ce que nous faisions auparavant, ou que le seul message est que nous devrions améliorer les systèmes et les règles actuelles, celui-là est dans le déni.

8. Je forme le vœu qu'en cette époque que nous traversons, en reconnaissant la dignité de chaque personne humaine, nous puissions tous ensemble faire renaître un désir universel d'humanité. Tous ensemble : « Voici un très beau secret pour rêver et faire de notre vie une belle aventure. Personne ne peut affronter la vie de manière isolée. [...] Nous avons besoin d'une communauté qui nous soutient, qui nous aide et

dans laquelle nous nous aidons mutuellement à regarder de l'avant. Comme c'est important de rêver ensemble ! […] Seul, on risque d'avoir des mirages par lesquels tu vois ce qu'il n'y a pas ; les rêves se construisent ensemble ».[6] Rêvons en tant qu'une seule et même humanité, comme des voyageurs partageant la même chair humaine, comme des enfants de cette même terre qui nous abrite tous, chacun avec la richesse de sa foi ou de ses convictions, chacun avec sa propre voix, tous frères.

[6] *Discours lors de la rencontre œcuménique et interreligieuse avec les jeunes,* Skopje - Macédoine du Nord (7 mai 2019) : *L'Osservatore Romano*, éd. en langue française (14 mai 2019), p. 12.

PREMIER CHAPITRE

LES OMBRES D'UN MONDE FERMÉ

9. Sans prétendre procéder à une analyse exhaustive ni prendre en considération tous les aspects de la réalité que nous vivons, je propose seulement que nous fixions l'attention sur certaines tendances du monde actuel qui entravent la promotion de la fraternité universelle.

Des rêves qui se brisent en morceaux

10. Des décennies durant, le monde a semblé avoir tiré leçon de tant de guerres et d'échecs et s'orienter lentement vers de nouvelles formes d'intégration. À titre d'exemple, le rêve d'une Europe unie, capable de reconnaître ses racines communes et de se féliciter de la diversité qui l'habite, a progressé. Souvenons-nous de « la ferme conviction des Pères fondateurs de l'Union Européenne, qui ont souhaité un avenir fondé sur la capacité de travailler ensemble afin de dépasser les divisions, et favoriser la paix et la communion entre tous les peuples du continent ».[7] De même, le désir d'une intégration latino-américaine s'est

[7] *Discours au Parlement européen, Strasbourg* (25 novembre 2014) : *L'Osservatore Romano*, éd. en langue française (27 novembre 2014), p. 8.

renforcé et certains pas avaient commencé à être faits. Ailleurs, des tentatives de pacification et de rapprochement ont été couronnées de succès et d'autres ont paru prometteuses.

11. Mais l'histoire est en train de donner des signes de recul. Des conflits anachroniques considérés comme dépassés s'enflamment, des nationalismes étriqués, exacerbés, pleins de ressentiments et agressifs réapparaissent. Dans plus d'un pays, une idée d'unité du peuple et de la nation, imprégnée de diverses idéologies, crée de nouvelles formes d'égoïsme et de perte du sens social sous le prétexte d'une prétendue défense des intérêts nationaux. Ceci nous rappelle que « chaque génération doit faire siens les luttes et les acquis des générations passées et les conduire à des sommets plus hauts encore. C'est là le chemin. Le bien, comme l'amour également, la justice et la solidarité ne s'obtiennent pas une fois pour toutes ; il faut les conquérir chaque jour. Il n'est pas possible de se contenter de ce qui a été réalisé dans le passé et de s'installer pour en jouir comme si cette condition nous conduisait à ignorer que beaucoup de nos frères subissent des situations d'injustice qui nous interpellent tous ».[8]

12. "S'ouvrir au monde" est une expression qui, de nos jours, est adoptée par l'économie et les

[8] *Rencontre avec les Autorités, la société civile et le Corps diplomatique*, Santiago - Chili (16 janvier 2018) : *L'Osservatore Romano*, éd. en langue française (18 janvier 2018), p. 2.

finances. Elle se rapporte exclusivement à l'ouverture aux intérêts étrangers ou à la liberté des pouvoirs économiques d'investir sans entraves ni complications dans tous les pays. Les conflits locaux et le désintérêt pour le bien commun sont instrumentalisés par l'économie mondiale pour imposer un modèle culturel unique. Cette culture fédère le monde mais divise les personnes et les nations, car « la société toujours plus mondialisée nous rapproche, mais elle ne nous rend pas frères ».[9] Plus que jamais nous nous trouvons seuls dans ce monde de masse qui fait prévaloir les intérêts individuels et affaiblit la dimension communautaire de l'existence. Il y a plutôt des marchés où les personnes jouent des rôles de consommateurs ou de spectateurs. L'avancée de cette tendance de globalisation favorise en principe l'identité des plus forts qui se protègent, mais tend à dissoudre les identités des régions plus fragiles et plus pauvres, en les rendant plus vulnérables et dépendantes. La politique est ainsi davantage fragilisée vis-à-vis des puissances économiques transnationales qui appliquent le "diviser pour régner".

La fin de la conscience historique

13. C'est précisément pourquoi s'accentue aussi une perte du sens de l'histoire qui se désagrège davantage. On observe la pénétration culturelle

[9] Benoît XVI, Lettre enc. *Caritas in veritate* (29 juin 2009), n. 19 : *AAS* 101 (2009), p. 655.

d'une sorte de "déconstructionnisme", où la liberté humaine prétend tout construire à partir de zéro. Elle ne laisse subsister que la nécessité de consommer sans limites et l'exacerbation de nombreuses formes d'individualisme dénuées de contenu. C'est dans ce sens qu'allait un conseil que j'ai donné aux jeunes : « Si quelqu'un vous fait une proposition et vous dit d'ignorer l'histoire, de ne pas reconnaître l'expérience des aînés, de mépriser le passé et de regarder seulement vers l'avenir qu'il vous propose, n'est-ce pas une manière facile de vous piéger avec sa proposition afin que vous fassiez seulement ce qu'il vous dit ? Cette personne vous veut vides, déracinés, méfiants de tout, pour que vous ne fassiez confiance qu'à ses promesses et que vous vous soumettiez à ses projets. C'est ainsi que fonctionnent les idéologies de toutes les couleurs qui détruisent (ou dé-construisent) tout ce qui est différent et qui, de cette manière, peuvent régner sans opposition. Pour cela elles ont besoin de jeunes qui méprisent l'histoire, qui rejettent la richesse spirituelle et humaine qui a été transmise au cours des générations, qui ignorent tout ce qui les a précédés ».[10]

14. Ce sont les nouvelles formes de colonisation culturelle. N'oublions pas que « les peuples qui aliènent leur tradition, et qui par une manie imitative, par violence sous forme de pressions,

[10] Exhort. ap. post-syn. *Christus vivit* (25 mars 2019), n. 181.

par une négligence impardonnable ou apathie, tolèrent qu'on leur arrache leur âme, perdent, avec leur identité spirituelle, leur consistance morale et, enfin, leur indépendance idéologique, économique et politique ».[11] Un moyen efficace de liquéfier la conscience historique, la pensée critique, la lutte pour la justice ainsi que les voies d'intégration, consiste à vider de sens ou à instrumentaliser les mots importants. Que signifient aujourd'hui des termes comme démocratie, liberté, justice, unité ? Ils ont été dénaturés et déformés pour être utilisés comme des instruments de domination, comme des titres privés de contenu pouvant servir à justifier n'importe quelle action.

Sans un projet pour tous

15. La meilleure façon de dominer et d'avancer sans restrictions, c'est de semer le désespoir et de susciter une méfiance constante, même sous le prétexte de la défense de certaines valeurs. Aujourd'hui, dans de nombreux pays, on se sert du système politique pour exaspérer, exacerber et pour polariser. Par divers procédés, le droit d'exister et de penser est nié aux autres, et pour cela, on recourt à la stratégie de les ridiculiser, de les soupçonner et de les encercler. Leur part de vérité, leurs valeurs ne sont pas prises en compte, et ainsi la société est appauvrie et réduite à s'identifier avec l'arrogance du plus fort. De ce fait, la

[11] Card. Raúl Silva Henríquez, S.D.B., *Homélie lors du Te deum* à Santiago du *Chili* (18 septembre 1974).

politique n'est plus une discussion saine sur des projets à long terme pour le développement de tous et du bien commun, mais uniquement des recettes de marketing visant des résultats immédiats qui trouvent dans la destruction de l'autre le moyen le plus efficace. Dans ce jeu mesquin de disqualifications, le débat est détourné pour créer une situation permanente de controverse et d'opposition.

16. Dans ces conflits d'intérêts qui nous opposent tous les uns aux autres, où gagner devient synonyme de détruire, comment est-il possible de lever la tête pour reconnaître son voisin ou pour se mettre du côté de celui qui est tombé en chemin ? Un projet visant de grands objectifs pour le développement de toute l'humanité apparaît aujourd'hui comme un délire. Les distances entre nous augmentent, tout comme la marche, difficile et lente vers un monde uni et plus juste, subit un recul nouveau et drastique.

17. Protéger le monde qui nous entoure et nous contient, c'est prendre soin de nous-mêmes. Mais il nous faut constituer un "nous" qui habite la Maison commune. Cette protection n'intéresse pas les pouvoirs économiques qui ont besoin d'un revenu rapide. Bien souvent, les voix qui s'élèvent en faveur de la défense de l'environnement sont réduites au silence ou ridiculisées, tandis qu'est déguisé en rationalité ce qui ne représente que des intérêts particuliers. Dans cette culture que nous développons, culture vide,

obnubilée par des résultats immédiats et démunie de projet commun, « il est prévisible que, face à l'épuisement de certaines ressources, se crée progressivement un scénario favorable à de nouvelles guerres, déguisées en revendications nobles ».[12]

La marginalisation mondiale

18. Certaines parties de l'humanité semblent mériter d'être sacrifiées par une sélection qui favorise une catégorie d'hommes jugés dignes de vivre sans restrictions. Au fond, « les personnes ne sont plus perçues comme une valeur fondamentale à respecter et à protéger, surtout celles qui sont pauvres ou avec un handicap, si elles "ne servent pas encore" – comme les enfants à naître –, ou "ne servent plus" – comme les personnes âgées. Nous sommes devenus insensibles à toute forme de gaspillage, à commencer par le gaspillage alimentaire, qui est parmi les plus déplorables ».[13]

19. La baisse de la natalité, qui provoque le vieillissement des populations, associée à l'abandon des personnes âgées à une solitude douloureuse, est une manière subtile de signifier que tout se réduit à nous, que seuls comptent nos intérêts individuels. Ainsi, « ce ne sont pas seulement la

[12] Lettre enc. Laudato si´ (24 mai 2015), n. 57 : AAS 107 (2015), p. 869.

[13] *Discours au Corps diplomatique accrédité près le Saint-Siège* (11 janvier 2016) : *L'Osservatore Romano*, éd. en langue française (14 janvier 2016), p. 9.

nourriture ou les biens superflus qui sont objet de déchet, mais souvent les êtres humains eux-mêmes ».[14] Nous avons vu ce qui est arrivé aux personnes âgées dans certaines parties du monde à cause du coronavirus. Elles ne devaient pas mourir de cette manière. Mais en réalité, quelque chose de similaire s'était déjà produit à cause des vagues de chaleur et dans d'autres circonstances : elles ont été cruellement marginalisées. Nous ne nous rendons pas compte qu'isoler les personnes âgées, tout comme les abandonner à la charge des autres sans un accompagnement adéquat et proche de la part de la famille, mutile et appauvrisse la famille elle-même. En outre, cela finit par priver les jeunes de ce contact nécessaire avec leurs racines et avec une sagesse que la jeunesse laissée à elle seule ne peut atteindre.

20. Ce rejet se manifeste de multiples façons, comme par exemple dans l'obsession de réduire les coûts du travail sans prendre en compte les graves conséquences que cela entraîne, car le chômage qui en est la résultante directe élargit les frontières de la pauvreté.[15] La marginalisation, en outre, prend des formes déplorables que nous croyions dépassées, telles que le racisme qui se cache et réapparaît sans cesse. Les manifesta-

[14] *Discours au Corps diplomatique accrédité près le Saint-Siège* (13 janvier 2014) : *L'Osservatore Romano*, éd. en langue française (16 janvier 2014), p. 10.

[15] Cf. *Discours à la Fondation "Centesimus annus pro Pontifice"* (25 mai 2013) : *L'Osservatore Romano*, éd. en langue française (30 mai 2013), pp. 3-4.

tions du racisme viennent encore nous couvrir de honte, en montrant ainsi que les progrès supposés de la société ne sont ni si réels ni assurés pour toujours.

21. Il existe des règles économiques qui se sont révélées efficaces pour la croissance, mais pas pour le développement humain intégral.[16] La richesse a augmenté, mais avec des inégalités ; et ainsi, il se fait que « de nouvelles pauvretés apparaissent ».[17] Lorsqu'on affirme que le monde moderne a réduit la pauvreté, on le fait en la mesurant avec des critères d'autres temps qui ne sont pas comparables avec la réalité actuelle. En effet, par exemple, ne pas avoir accès à l'énergie électrique n'était pas autrefois considéré comme un signe de pauvreté ni comme un motif d'anxiété. La pauvreté est toujours analysée et comprise dans le contexte des possibilités réelles d'un moment historique concret.

Des droits humains pas assez universels

22. On s'aperçoit bien des fois que, de fait, les droits humains ne sont pas les mêmes pour tout le monde. Le respect de ces droits « est […] une condition préalable au développement même du pays, qu'il soit social ou économique. Quand

[16] Cf. St. Paul VI, Lettre enc. *Populorum progressio* (26 mars 1967), n. 14 : *AAS* 59 (1967), p. 264.

[17] Benoît XVI, Lettre enc. *Caritas in veritate* (29 juin 2009), n. 22 : *AAS* 101 (2009), p. 657.

la dignité de l'homme est respectée et que ses droits sont reconnus et garantis, fleurissent aussi la créativité et l'esprit d'initiative, et la personnalité humaine peut déployer ses multiples initiatives en faveur du bien commun ».[18] Mais « en observant avec attention nos sociétés contemporaines, on constate de nombreuses contradictions qui conduisent à se demander si l'égale dignité de tous les êtres humains, solennellement proclamée il y a soixante-dix ans, est véritablement reconnue, respectée, protégée et promue en toute circonstance. De nombreuses formes d'injustice persistent aujourd'hui dans le monde, alimentées par des visions anthropologiques réductrices et par un modèle économique fondé sur le profit, qui n'hésite pas à exploiter, à exclure et même à tuer l'homme. Alors qu'une partie de l'humanité vit dans l'opulence, une autre partie voit sa dignité méconnue, méprisée ou piétinée et ses droits fondamentaux ignorés ou violés ».[19] Qu'est-ce que cela signifie quant à l'égalité des droits fondée sur la même dignité humaine ?

23. De même, l'organisation des sociétés dans le monde entier est loin de refléter clairement le fait que les femmes ont exactement la même di-

[18] *Discours aux Autorités*, Tirana - Albanie (21 septembre 2014) : *L'Osservatore Romano*, éd. en langue française (25 septembre 2014), p. 3.

[19] *Message aux participants à la Conférence Internationale "Les droits humains dans le monde contemporain : conquêtes, omissions, négations"* (10 décembre 2018) : *L'Osservatore Romano*, éd. en langue française (18-25 décembre 2018), p. 6.

gnité et les mêmes droits que les hommes. On affirme une chose par la parole, mais les décisions et la réalité livrent à cor et à cri un autre message. C'est un fait, « doublement pauvres sont les femmes qui souffrent des situations d'exclusion, de maltraitance et de violence, parce que, souvent, elles se trouvent avec de plus faibles possibilités de défendre leurs droits ».[20]

24. Reconnaissons aussi que « bien que la communauté internationale ait adopté de nombreux accords en vue de mettre un terme à l'esclavage sous toutes ses formes, et mis en marche diverses stratégies pour combattre ce phénomène, aujourd'hui encore des millions de personnes – enfants, hommes et femmes de tout âge – sont privées de liberté et contraintes à vivre dans des conditions assimilables à celles de l'esclavage. [...] Aujourd'hui comme hier, à la racine de l'esclavage, il y a une conception de la personne humaine qui admet la possibilité de la traiter comme un objet. [...] La personne humaine, créée à l'image et à la ressemblance de Dieu, par la force, par la tromperie ou encore par la contrainte physique ou psychologique, est privée de sa liberté, commercialisée, réduite à être la propriété de quelqu'un, elle est traitée comme un moyen et non comme une fin ». Les réseaux criminels « utilisent habilement les technologies informatiques modernes pour appâter des jeunes, et des très

[20] Exhort. ap. *Evangelii gaudium* (24 novembre 2013), n. 212 : *AAS* 105 (2013), p. 1108.

jeunes, partout dans le monde ».[21] L'aberration n'a pas de limites quand des femmes sont malmenées, puis forcées à avorter ; l'abomination va jusqu'à la séquestration en vue du trafic d'organes. Cela fait de la traite des personnes et des autres formes actuelles d'esclavage un problème mondial qui doit être pris au sérieux par l'humanité dans son ensemble, car « comme les organisations criminelles utilisent des réseaux globaux pour atteindre leurs objectifs, de même l'engagement pour vaincre ce phénomène requiert un effort commun et tout autant global de la part des divers acteurs qui composent la société ».[22]

Conflit et peur

25. Les guerres, les violences, les persécutions pour des raisons raciales ou religieuses, et tant d'atteintes à la dignité humaine sont vues de différentes manières selon qu'elles conviennent ou non à certains intérêts, fondamentalement économiques. Ce qui est vrai quand cela convient à une personne puissante cesse de l'être quand cela ne lui profite pas. Ces situations de violence se multiplient « douloureusement en de nombreuses régions du monde, au point de prendre

[21] *Message pour la 48e Journée Mondiale de la Paix 1er janvier 2015* (8 décembre 2014), nn. 3-4 : *L'Osservatore Romano*, éd. en langue française (11 décembre 2014), p. 9.

[22] *Ibid.*, n. 5 : *L'Osservatore Romano*, éd. en langue française (11 décembre 2014), p. 10.

les traits de ce qu'on pourrait appeler une "troisième guerre mondiale par morceaux"».[23]

26. Cela n'est pas surprenant si nous considérons l'absence d'horizons à même de nous unir, car ce qui tombe en ruine dans toute guerre, c'est « le projet même de fraternité inscrit dans la vocation de la famille humaine » ; c'est pourquoi « toute situation de menace alimente le manque de confiance et le repli sur soi ».[24] Ainsi, notre monde progresse dans une dichotomie privée de sens, avec la prétention de « garantir la stabilité et la paix sur la base d'une fausse sécurité soutenue par une mentalité de crainte et de méfiance ».[25]

27. Paradoxalement, certaines peurs ancestrales n'ont pas été surmontées par le développement technologique ; au contraire, elles ont su se cacher et se renforcer derrière les nouvelles technologies. Aujourd'hui encore, derrière la muraille de la ville antique se trouve l'abîme, le territoire de l'inconnu, le désert. Ce qui en résulte n'inspire pas confiance, car c'est une chose inconnue qui n'est pas familière, qui n'a pas droit

[23] *Message pour la 49e Journée Mondiale de la Paix 1er janvier 2016* (8 décembre 2015) : *L'Osservatore Romano*, éd. en langue française (17-24 décembre 2015), p. 7.

[24] *Message pour la 53e Journée Mondiale de la Paix 1er janvier 2020* (8 décembre 2019) : *L'Osservatore Romano*, éd. en langue française (17-24 décembre 2019), p. 10.

[25] *Discours sur les armes nucléaires*, Nagasaki - Japon (24 novembre 2019) : *L'Osservatore Romano*, éd. en langue française (3 décembre 2019), p. 5.

de cité. C'est le territoire du "barbare" dont il faut se défendre à tout prix. Par conséquent, de nouvelles barrières sont créées pour l'auto-préservation, de sorte que le monde cesse d'exister et que seul existe "mon" monde, au point que beaucoup de personnes cessent d'être considérées comme des êtres humains ayant une dignité inaliénable et deviennent seulement "eux". Réapparaît « la tentation de créer une culture de murs, d'élever des murs, des murs dans le cœur, des murs érigés sur la terre pour éviter cette rencontre avec d'autres cultures, avec d'autres personnes. Et quiconque élève un mur, quiconque construit un mur, finira par être un esclave dans les murs qu'il a construits, privé d'horizons. Il lui manque, en effet, l'altérité ».[26]

28. La solitude, les peurs et l'insécurité de tant de personnes qui se sentent abandonnées par le système, créent un terrain fertile pour les groupes mafieux. Ils s'affirment, en effet, en se présentant comme les "protecteurs" des oubliés, souvent grâce à diverses aides, alors qu'ils poursuivent leurs intérêts criminels. Il existe une pédagogie typiquement mafieuse qui, avec une fausse mystique communautaire, crée des liens de dépendance et de subordination dont il est très difficile de se libérer.

[26] *Discours aux enseignants et étudiants du Collège Saint Charles de Milan* (6 avril 2019) : *L'Osservatore Romano*, éd. en langue française (30 avril 2019), p. 9.

29. Le grand imam Ahmad Al-Tayyeb et moi-même n'ignorons pas les avancées positives qui ont été réalisées dans les domaines de la science, de la technologie, de la médecine, de l'industrie et du bien-être, en particulier dans les pays développés. Cependant, « nous soulignons que, avec ces progrès historiques, grands et appréciés, se vérifient une détérioration de l'éthique, qui conditionne l'agir international, et un affaiblissement des valeurs spirituelles et du sens de la responsabilité. Tout cela contribue à répandre un sentiment général de frustration, de solitude et de désespoir. […] Naissent des foyers de tension et s'accumulent des armes et des munitions, dans une situation mondiale dominée par l'incertitude, par la déception et par la peur de l'avenir et contrôlée par des intérêts économiques aveugles ». Nous avons également attiré l'attention sur « les fortes crises politiques, l'injustice et l'absence d'une distribution équitable des ressources naturelles. […] À l'égard de ces crises qui laissent mourir de faim des millions d'enfants, déjà réduits à des squelettes humains – en raison de la pauvreté et de la faim –, règne un silence international inacceptable ».[27] Devant ce panorama, même si beaucoup d'avancées nous séduisent, nous ne voyons pas de cap réellement humain.

[27] *Document sur la fraternité humaine pour la paix mondiale et la coexistence commune*, Abou Dhabi (4 février 2019) : *L'Osservatore Romano*, éd. en langue française (12 février 2019), p. 11.

30. Dans le monde d'aujourd'hui, les sentiments d'appartenance à la même humanité s'affaiblissent et le rêve de construire ensemble la justice ainsi que la paix semble être une utopie d'un autre temps. Nous voyons comment règne une indifférence commode, froide et globalisée, née d'une profonde déception qui se cache derrière le leurre d'une illusion : croire que nous pouvons être tout-puissants et oublier que nous sommes tous dans le même bateau. Cette désillusion qui fait tourner le dos aux grandes valeurs fraternelles conduit « à une sorte de cynisme. Telle est la tentation qui nous attend, si nous prenons cette route de désillusion ou de déception. […] L'isolement et le repli sur soi ou sur ses propres intérêts ne sont jamais la voie à suivre pour redonner l'espérance et opérer un renouvellement, mais c'est la proximité, c'est la culture de la rencontre. Isolement non, proximité oui. Culture de l'affrontement non, culture de la rencontre, oui ».[28]

31. Dans ce monde qui avance sans un cap commun, se respire une atmosphère où « la distance entre l'obsession envers notre propre bien-être et le bonheur partagé de l'humanité ne cesse de se creuser et nous conduit à considérer qu'un véritable schisme est désormais en cours entre l'individu et la communauté humaine. […] Parce

28 *Discours au monde de la culture,* Cagliari - Italie (22 septembre 2013) : *L'Osservatore Romano*, éd. en langue française (26 septembre 2013), p. 5.

que se sentir contraints à vivre ensemble est une chose, apprécier la richesse et la beauté des semences de vie commune qui doivent être recherchées et cultivées ensemble, en est une autre ».[29] La technologie fait sans cesse des avancées, mais « comme ce serait merveilleux si la croissance de l'innovation scientifique et technologique créait plus d'égalité et de cohésion sociale ! Comme ce serait merveilleux, alors qu'on découvre de nouvelles planètes, de redécouvrir les besoins de nos frères et sœurs qui tournent en orbite autour de nous ! ».[30]

Les pandémies et autres chocs de l'histoire

32. Certes, une tragédie mondiale comme la pandémie de Covid-19 a réveillé un moment la conscience que nous constituons une communauté mondiale qui navigue dans le même bateau, où le mal de l'un porte préjudice à tout le monde. Nous nous sommes rappelés que personne ne se sauve tout seul, qu'il n'est possible de se sauver qu'ensemble. C'est pourquoi j'ai affirmé que « la tempête démasque notre vulnérabilité et révèle ces sécurités, fausses et superflues, avec lesquelles nous avons construit nos agendas,

[29] *Humana communitas* : Lettre au Président de l'Académie Pontificale pour la Vie à l'occasion du 25e anniversaire de son institution (6 janvier 2019), nn. 2.6 : *L'Osservatore Romano*, éd. en langue française (22 janvier 2019), p. 9.

[30] *Message vidéo à la conférence TED 2017 de Vancouver* (26 avril 2017) : *L'Osservatore Romano*, éd. en langue française (11 mai 2017), p. 4.

nos projets, nos habitudes et priorités. [...] À la faveur de la tempête, est tombé le maquillage des stéréotypes avec lequel nous cachions nos ego toujours préoccupés de leur image ; et reste manifeste, encore une fois, cette [heureuse] appartenance commune [...], à laquelle nous ne pouvons pas nous soustraire : le fait d'être frères ».[31]

33. Le monde a inexorablement progressé vers une économie qui, en se servant des progrès technologiques, a essayé de réduire les "coûts humains", et certains ont prétendu nous faire croire que le libre marché suffisait à tout garantir. Mais le coup dur et inattendu de cette pandémie hors de contrôle a forcé à penser aux êtres humains, à tous, plutôt qu'aux bénéfices de certains. Aujourd'hui, nous pouvons reconnaître que « nous nous sommes nourris de rêves de splendeur et de grandeur, et nous avons fini par manger distraction, fermeture et solitude. Nous nous sommes gavés de connexions et nous avons perdu le goût de la fraternité. Nous avons cherché le résultat rapide et sûr, et nous nous retrouvons opprimés par l'impatience et l'anxiété. Prisonniers de la virtualité, nous avons perdu le goût et la saveur du réel ».[32] La douleur, l'incertitude, la peur et la conscience des limites de chacun, que la pandé-

[31] *Moment extraordinaire de prière en temps d'*épidémie (27 mars 2020) : *L'Osservatore Romano*, éd. en langue française (31 mars 2020), p. 5.

[32] *Homélie pour la Sainte Messe*, Skopje - Macédoine du Nord (7 mai 2019) : *L'Osservatore Romano*, ed. en langue française (14 mai 2019), p. 10.

mie a suscitées, appellent à repenser nos modes de vie, nos relations, l'organisation de nos sociétés et surtout le sens de notre existence.

34. Si tout est connecté, il est difficile de penser que cette catastrophe mondiale n'ait aucune relation avec notre façon d'affronter la réalité, en prétendant que nous sommes les maîtres absolus de nos vies et de tout ce qui existe. Je ne veux pas dire qu'il s'agit d'une sorte de punition divine. Il ne suffirait pas non plus d'affirmer que les dommages causés à la nature finissent par se venger de nos abus. C'est la réalité même qui gémit et se rebelle. Vient à l'esprit le célèbre vers de Virgile qui évoque les larmes des choses ou de l'histoire.[33]

35. Mais nous oublions vite les leçons de l'histoire, « maîtresse de vie ».[34] Après la crise sanitaire, la pire réaction serait de nous enfoncer davantage dans une fièvre consumériste et dans de nouvelles formes d'auto-préservation égoïste. Plaise au ciel qu'en fin de compte il n'y ait pas "les autres", mais plutôt un "nous" ! Plaise au ciel que ce ne soit pas un autre épisode grave de l'histoire dont nous n'aurons pas su tirer leçon ! Plaise au ciel que nous n'oublions pas les personnes âgées décédées par manque de respira-

[33] Cf. Énéide, 1, 462 : « Sunt lacrimae rerum et mentem mortalia tangunt ».

[34] « *Historia... magistra vitae* » : Marcus Tullius Cicéron, *De Oratore*, (Dialogues de l'Orateur), 2, 36.

teurs, en partie comme conséquence du démantèlement, année après année, des systèmes de santé ! Plaise au ciel que tant de souffrance ne soit pas inutile, que nous fassions un pas vers un nouveau mode de vie et découvrions définitivement que nous avons besoin les uns des autres et que nous avons des dettes les uns envers les autres, afin que l'humanité renaisse avec tous les visages, toutes les mains et toutes les voix au-delà des frontières que nous avons créées !

36. Si nous ne parvenons pas à retrouver la passion partagée pour une communauté d'appartenance et de solidarité à laquelle nous consacrerons du temps, des efforts et des biens, l'illusion collective qui nous berce tombera de manière déplorable et laissera beaucoup de personnes en proie à la nausée et au vide. En outre, il ne faudrait pas naïvement ignorer que « l'obsession d'un style de vie consumériste ne pourra que provoquer violence et destruction réciproque ».[35] Le "sauve qui peut" deviendra vite "tous contre tous", et ceci sera pire qu'une pandémie.

Sans dignité humaine aux frontières

37. Aussi bien dans les milieux de certains régimes politiques populistes que sur la base d'approches économiques libérales, on soutient que l'arrivée des migrants doit être évitée à tout prix.

[35] Lettre enc. *Laudato si´* (24 mai 2015), n. 204 : *AAS* 107 (2015), p. 928.

Dans le même temps, on affirme que l'aide aux pays pauvres devrait être limitée, pour qu'ils touchent le fond et décident de prendre des mesures d'austérité. On ne se rend pas compte qu'au-delà de ces déclarations abstraites difficiles à étayer, de nombreuses vies sont détruites. Beaucoup de personnes échappent à la guerre, aux persécutions, aux catastrophes naturelles. D'autres, à juste titre, « sont en quête d'opportunités pour [elles] et pour leur famille. [Elles] rêvent d'un avenir meilleur et désirent créer les conditions de sa réalisation ».[36]

38. Malheureusement, d'autres « sont [attirées] par la culture occidentale, nourrissant parfois des attentes irréalistes qui les exposent à de lourdes déceptions. Des trafiquants sans scrupules, souvent liés aux cartels de la drogue et des armes, exploitent la faiblesse des migrants qui, au long de leur parcours, se heurtent trop souvent à la violence, à la traite des êtres humains, aux abus psychologiques et même physiques, et à des souffrances indicibles ».[37] Ceux qui émigrent « vivent une séparation avec leur environnement d'origine et connaissent souvent un déracinement culturel et religieux. La fracture concerne aussi les communautés locales, qui perdent leurs éléments les plus vigoureux et entreprenants, et les familles, en particulier quand un parent migre, ou les deux,

[36] Exhort. ap. post-syn. *Christus vivit* (25 mars 2019), n. 91.
[37] *Ibid.*, n. 92.

laissant leurs enfants dans leur pays d'origine ».[38] Par conséquent, il faut aussi « réaffirmer le droit de ne pas émigrer, c'est-à-dire d'être en condition de demeurer sur sa propre terre ».[39]

39. Et pour comble, « dans certains pays d'arrivée, les phénomènes migratoires suscitent des alarmes et des peurs, souvent fomentées et exploitées à des fins politiques. Une mentalité xénophobe de fermeture et de repli sur soi se diffuse alors ».[40] Les migrants ne sont pas jugés assez dignes pour participer à la vie sociale comme toute autre personne et l'on oublie qu'ils ont la même dignité intrinsèque que quiconque. C'est pourquoi ils doivent être « protagonistes de leur propre relèvement ».[41] On ne dira jamais qu'ils ne sont pas des êtres humains, mais dans la pratique, par les décisions et la manière de les traiter, on montre qu'ils sont considérés comme des personnes ayant moins de valeur, moins d'importance, dotées de moins d'humanité. Il est inacceptable que les chrétiens partagent cette mentalité et ces attitudes, faisant parfois prévaloir certaines préférences politiques sur les convictions profondes de leur foi : la dignité inaliénable

[38] *Ibid.*, n. 93.

[39] Benoît XVI, *Message pour la 99e Journée Mondiale du Migrant et du Réfugié* (12 octobre 2012) : *L'Osservatore Romano*, éd. en langue française (1er novembre 2012), p. 5.

[40] Exhort. ap. post-syn. *Christus vivit* (25 mars 2019), n. 92.

[41] *Message pour la 106e Journée Mondiale du Migrant et du Réfugié* (13 mai 2020) : *L'Osservatore Romano*, éd. en langue française (19 mai 2020), p. 4.

de chaque personne humaine indépendamment de son origine, de sa couleur ou de sa religion, et la loi suprême de l'amour fraternel.

40. « Les migrations constitueront un élément fondamental de l'avenir du monde ».[42] Mais, de nos jours, elles doivent compter avec la « perte du "sens de la responsabilité fraternelle", sur lequel est basé toute société civile ».[43] L'Europe, par exemple, risque fort d'emprunter ce chemin. Cependant, « aidée par son grand patrimoine culturel et religieux, [elle] a les instruments pour défendre la centralité de la personne humaine et pour trouver le juste équilibre entre le double devoir moral de protéger les droits de ses propres citoyens, et celui de garantir l'assistance et l'accueil des migrants ».[44]

41. Je comprends que, face aux migrants, certaines personnes aient des doutes et éprouvent de la peur. Je considère que cela fait partie de l'instinct naturel de légitime défense. Mais il est également vrai qu'une personne et un peuple ne sont féconds que s'ils savent de manière créative

[42] *Discours au Corps diplomatique accrédité près le Saint-Siège* (11 janvier 2016) : *L'Osservatore Romano*, éd. en langue française (14 janvier 2016), p. 10.

[43] *Discours au Corps diplomatique accrédité près le Saint-Siège* (13 janvier 2014) : *L'Osservatore Romano*, éd. en langue française (16 janvier 2014), p. 6.

[44] *Discours au Corps diplomatique accrédité près le Saint-Siège* (11 janvier 2016) : *L'Osservatore Romano*, éd. en langue française (14 janvier 2016), p. 10.

s'ouvrir aux autres. J'invite à dépasser ces réactions primaires, car « le problème, c'est quand [les doutes et les craintes] conditionnent notre façon de penser et d'agir au point de nous rendre intolérants, fermés, et peut-être même – sans nous en rendre compte – racistes. Ainsi, la peur nous prive du désir et de la capacité de rencontrer l'autre ».[45]

L'illusion de la communication

42. Paradoxalement, alors que s'accroissent des attitudes de repli sur soi et d'intolérance qui nous amènent à nous fermer aux autres, les distances se raccourcissent ou disparaissent au point que le droit à la vie privée n'existe plus. Tout devient une sorte de spectacle qui peut être espionné, surveillé et la vie est soumise à un contrôle constant. Dans la communication numérique, on veut tout montrer et chaque personne devient l'objet de regards qui fouinent, déshabillent et divulguent, souvent de manière anonyme. Le respect de l'autre a volé en éclats, et ainsi, en même temps que je le déplace, l'ignore et le tiens à distance, je peux sans aucune pudeur envahir sa vie de bout en bout.

43. D'autre part, les manifestations de haine et de destruction dans le monde virtuel ne consti-

[45] *Message pour la 105e Journée Mondiale du Migrant et du Réfugié 2020* (27 mai 2019) : *L'Osservatore Romano*, éd. en langue française (28 mai 2019), p. 6.

tuent pas – comme certains prétendent le faire croire – une forme louable d'entraide, mais de vraies associations contre un ennemi. Par ailleurs, « les médias numériques peuvent exposer au risque de dépendance, d'isolement et de perte progressive de contact avec la réalité concrète, entravant ainsi le développement d'authentiques relations interpersonnelles ».[46] Des gestes physiques, des expressions du visage, des silences, le langage corporel, voire du parfum, le tremblement des mains, le rougissement, la transpiration sont nécessaires, car tout cela parle et fait partie de la communication humaine. Les relations virtuelles, qui dispensent de l'effort de cultiver une amitié, une réciprocité stable ou même un consensus se renforçant à la faveur du temps, ne sont sociales qu'en apparence. Elles ne construisent pas vraiment un "nous" mais d'ordinaire dissimulent et amplifient le même individualisme qui se manifeste dans la xénophobie et le mépris des faibles. La connexion numérique ne suffit pas pour construire des ponts, elle ne suffit pas pour unir l'humanité.

Agressivité sans pudeur

44. En même temps que les gens préservent leur isolement consumériste et commode, ils font le choix d'être de manière constante et fébrile en contact. Cela favorise le foisonnement de formes

[46] Exhort. ap. post-syn. *Christus vivit* (25 mars 2019), n. 88.

étranges d'agressivité, d'insultes, de mauvais traitements, de disqualifications, de violences verbales qui vont jusqu'à détruire l'image de l'autre, dans un déchaînement qui ne pourrait pas exister dans le contact physique sans que nous ne finissions par nous détruire tous. L'agressivité sociale trouve un espace d'amplification hors pair dans les appareils mobiles et les ordinateurs.

45. Cette situation a fait perdre aux idéologies toute pudeur. Ce qui, jusqu'il y a quelques années, ne pouvait être dit par une personne sans qu'elle risque de perdre le respect de tout le monde, peut aujourd'hui être exprimé sans détour même par certaines autorités politiques et rester impuni. On ne peut pas ignorer que « de gigantesques intérêts économiques opèrent dans le monde numérique. Ils sont capables de mettre en place des formes de contrôle aussi subtiles qu'envahissantes, créant des mécanismes de manipulation des consciences et des processus démocratiques. Le fonctionnement de nombreuses plates-formes finit toujours par favoriser la rencontre entre les personnes qui pensent d'une même façon, empêchant de faire se confronter les différences. Ces circuits fermés facilitent la diffusion de fausses informations et de fausses nouvelles, fomentant les préjugés et la haine ».[47]

[47] *Ibid.*, n. 89.

46. Il faut reconnaître que les fanatismes qui conduisent à détruire les autres sont également le fait de personnes religieuses, sans exclure les chrétiens, qui « peuvent faire partie des réseaux de violence verbale sur Internet et à travers les différents forums ou espaces d'échange digital. Même dans des milieux catholiques, on peut dépasser les limites, on a coutume de banaliser la diffamation et la calomnie, et toute éthique ainsi que tout respect de la renommée d'autrui semblent évacués ».[48] Qu'apporte-t-on ainsi à la fraternité que le Père commun nous propose ?

Information sans sagesse

47. La vraie sagesse suppose la conformité avec la réalité. Mais aujourd'hui tout peut être produit, dissimulé, altéré. De ce fait, la confrontation directe avec les limites de la réalité devient intolérable. En conséquence, on met en place un mécanisme de "sélection" et s'instaure l'habitude de séparer immédiatement ce que j'aime de ce que je n'aime pas, ce qui est attrayant de ce qui est laid. En suivant la même logique, on choisit les personnes avec qui on décide de partager le monde. Ainsi, les personnes ou les situations qui ont blessé notre sensibilité ou nous ont contrariés sont aujourd'hui tout simplement éliminées dans les réseaux virtuels ; il en résulte un cercle

[48] Exhort. ap. *Gaudete et exsultate* (19 mars 2018), n. 115.

virtuel qui nous isole du monde dans lequel nous vivons.

48. S'asseoir pour écouter une autre personne, geste caractéristique d'une rencontre humaine, est un paradigme d'une attitude réceptive de la part de celui qui surmonte le narcissisme et reçoit l'autre, lui accorde de l'attention, l'accueille dans son propre cercle. Mais « le monde contemporain est en grande partie sourd. [...] Parfois, la rapidité du monde moderne, la frénésie nous empêchent de bien écouter ce que dit l'autre. Et au beau milieu de son dialogue, nous l'interrompons déjà et nous voulons répondre alors qu'il n'a pas fini de parler. Il ne faut pas perdre la capacité d'écoute ». Saint François d'Assise « a écouté la voix de Dieu, il a écouté la voix du pauvre, il a écouté la voix du malade, il a écouté la voix de la nature. Et il a transformé tout cela en un mode de vie. Je souhaite que la semence de saint François pousse dans beaucoup de cœurs ».[49]

49. Alors que le silence et l'écoute disparaissent, transformant tout en clics ou en messages rapides et anxieux, cette structure fondamentale d'une communication humaine sage est menacée. Un nouveau style de vie est créé où l'on construit ce qu'on veut avoir devant soi, en excluant tout ce qui ne peut pas être contrôlé ou connu superficiellement et instantanément.

[49] Du film *Le Pape François – Un homme de parole. L'espérance est un message universel*, de Wim Wenders (2018).

Cette dynamique, de par sa logique intrinsèque, empêche la réflexion sereine qui pourrait nous conduire à une sagesse commune.

50. Nous pouvons rechercher la vérité ensemble dans le dialogue, dans une conversation sereine ou dans une discussion passionnée. C'est un cheminement qui demande de la persévérance, qui est également fait de silences et de souffrances, capable de recueillir patiemment la longue expérience des individus et des peuples. L'accumulation écrasante d'informations qui nous inondent n'est pas synonyme de plus de sagesse. La sagesse ne se forge pas avec des recherches anxieuses sur internet, ni avec une somme d'informations dont la véracité n'est pas assurée. Ainsi, elle ne mûrit pas pour devenir rencontre avec la vérité. Les conversations ne tournent, somme toute, qu'autour des dernières données simplement horizontales et cumulatives. Mais on n'y prête pas une attention soutenue et on ne pénètre pas le cœur de la vie, on ne reconnaît pas ce qui est essentiel pour donner sens à l'existence. Ainsi, la liberté devient une illusion qu'on nous vend et qui se confond avec la liberté de naviguer devant un écran. Le problème, c'est qu'un chemin de fraternité, local et universel, ne peut être parcouru que par des esprits libres et prêts pour de vraies rencontres.

Soumissions et autodépréciations

51. Certains pays économiquement prospères se présentent comme des modèles culturels pour

ceux qui sont moins développés, au lieu d'œuvrer pour que chaque pays croisse à sa propre manière, afin de développer ses capacités à innover à partir des valeurs de sa culture. Cette nostalgie superficielle et triste, qui porte à copier et à acheter au lieu de créer, aboutit à une fierté nationale très faible. Dans les milieux riches de nombreux pays pauvres, et parfois chez ceux qui ont réussi à sortir de la pauvreté, on constate une incapacité à accepter des caractéristiques et des processus spécifiques, ce qui provoque du mépris pour l'identité culturelle comme si celle-ci était la seule cause des maux.

52. Détruire l'estime de soi chez quelqu'un est un moyen facile de le dominer. Derrière ces tendances visant à uniformiser le monde, émergent des intérêts de pouvoir qui profitent d'une faible estime de soi chez les personnes, tout en essayant de créer une nouvelle culture à travers les médias et les réseaux, au service des plus puissants. Ceci est mis à profit par l'opportunisme de la spéculation financière et de l'exploitation, où les pauvres sont ceux qui perdent toujours. Par ailleurs, le fait d'ignorer la culture d'un peuple empêche de nombreux dirigeants politiques de parvenir à mettre en œuvre un projet efficace qui puisse être librement assumé et soutenu dans le temps.

53. On oublie qu'« il n'y a pas pire aliénation que de faire l'expérience de ne pas avoir de racines, de n'appartenir à personne. Une terre sera féconde, un peuple portera des fruits et sera en

mesure de générer l'avenir uniquement dans la mesure où il donne vie à des relations d'appartenance entre ses membres, dans la mesure où il crée des liens d'intégration entre les générations et les diverses communautés qui le composent ; et également dans la mesure où il rompt les spirales qui embrouillent les sens, en nous éloignant toujours les uns des autres ».[50]

Espérance

54. Malgré ces ombres épaisses qu'il ne faut pas ignorer, je voudrais évoquer dans les pages suivantes nombre de chemins d'espoir. En effet, Dieu continue de répandre des semences de bien dans l'humanité. La pandémie récente nous a permis de distinguer et de valoriser de nombreux hommes et femmes, compagnons de voyage, qui, dans la peur, ont réagi en offrant leur propre vie. Nous avons pu reconnaître comment nos vies sont tissées et soutenues par des personnes ordinaires qui, sans aucun doute, ont écrit les événements décisifs de notre histoire commune : médecins, infirmiers et infirmières, pharmaciens, employés de supermarchés, agents d'entretien, assistants, transporteurs, hommes et femmes qui travaillent pour assurer des services essentiels et de sécurité, bénévoles, prêtres, personnes consa-

[50] *Discours aux Autorités, à la société civile et au Corps diplomatique*, Tallinn - Estonie (25 septembre 2018) : *L'Osservatore Romano*, éd. en langue française (4 octobre 2018), p. 10.

crées ... ont compris que personne ne se sauve seul.[51]

55. J'invite à l'espérance qui « nous parle d'une réalité qui est enracinée au plus profond de l'être humain, indépendamment des circonstances concrètes et des conditionnements historiques dans lesquels il vit. Elle nous parle d'une soif, d'une aspiration, d'un désir de plénitude, de vie réussie, d'une volonté de toucher ce qui est grand, ce qui remplit le cœur et élève l'esprit vers les grandes choses, comme la vérité, la bonté et la beauté, la justice et l'amour. [...] L'espérance est audace, elle sait regarder au-delà du confort personnel, des petites sécurités et des compensations qui rétrécissent l'horizon, pour s'ouvrir à de grands idéaux qui rendent la vie plus belle et plus digne ».[52] Marchons dans l'espérance !

[51] Cf. *Moment extraordinaire de prière en temps d'épidémie* (27 mars 2020) : *L'Osservatore Romano*, éd. en langue française (31 mars 2020), p. 5 ; *Message pour la 4e Journée Mondiale des pauvres 2020* (13 juin 2020), n. 6 : *L'Osservatore Romano*, éd. en langue française (16 juin 2020), p. 6.

[52] *Salutation aux étudiants du Centre Culturel Père Félix Varela,* La Havane – Cuba (20 septembre 2015) : *L'Osservatore Romano*, éd. en langue française (24 septembre 2015), p. 10.

DEUXIÈME CHAPITRE

UN ETRANGER SUR LE CHEMIN

56. Tout ce que j'ai évoqué dans le chapitre précédent est plus qu'une description froide de la réalité, car « les joies et les espoirs, les tristesses et les angoisses des hommes de ce temps, des pauvres surtout et de tous ceux qui souffrent, sont aussi les joies et les espoirs, les tristesses et les angoisses des disciples du Christ, et il n'est rien de vraiment humain qui ne trouve écho dans leur cœur ».[53] À la recherche d'une lumière au milieu de ce que nous vivons, et avant de présenter quelques pistes d'action, je propose de consacrer un chapitre à une parabole racontée par Jésus-Christ il y a deux mille ans. Car, bien que cette lettre s'adresse à toutes les personnes de bonne volonté, quelles que soient leurs convictions religieuses, la parabole se présente de telle manière que chacun d'entre nous peut se laisser interpeller par elle.

« Et voici qu'un légiste se leva, et dit à Jésus pour l'éprouver : "Maître, que dois-je faire pour avoir en héritage la vie éternelle ?" Il lui dit : "Dans la Loi, qu'y-a-t-il d'écrit ? Comment lis-tu ?" Celui-ci répondit: "Tu aimeras le Seigneur, ton Dieu, de tout ton cœur, de toute

[53] CONC. ŒCUM. VAT. II, Const. Past. *Gaudium et spes*, sur l'Église dans le monde de ce temps, n. 1.

ton âme, de toute ta force et de tout ton esprit; et ton prochain comme toi-même" "Tu as bien répondu, lui dit Jésus ; fais cela et tu vivras". Mais lui, voulant se justifier, dit à Jésus : "Et qui est mon prochain ?" Jésus reprit : "Un homme descendait de Jérusalem à Jéricho, et il tomba au milieu de brigands qui, après l'avoir dépouillé et roué de coups, s'en allèrent, le laissant à demi mort. Un prêtre vint à descendre par ce chemin-là ; il le vit et passa outre. Pareillement un lévite, survenant en ce lieu, le vit et passa outre. Mais un Samaritain, qui était en voyage, arriva près de lui, le vit et fut pris de pitié. Il s'approcha, banda ses plaies, y versant de l'huile et du vin, puis le chargea sur sa propre monture, le mena à l'hôtellerie et prit soin de lui. Le lendemain, il tira deux deniers et les donna à l'hôtelier, en disant : Prends soin de lui, et ce que tu auras dépensé en plus, je te le rembourserai, moi, à mon retour. Lequel de ces trois, à ton avis, s'est montré le prochain de l'homme tombé aux mains des brigands ?" Il dit : "Celui-là qui a exercé la miséricorde envers lui." Et Jésus lui dit : "Va, et toi aussi, fais de même." (*Lc* 10, 25-37).

L'ARRIÈRE-PLAN

57. Cette parabole illustre un arrière-plan de plusieurs siècles. Peu de temps après la narration de la création du monde et de l'être humain, la Bible présente le défi des relations entre nous. Caïn tue son frère Abel, et la question de Dieu résonne : « Où est [Abel], ton frère ? » (*Gn* 4, 9). La réponse est la même que celle que nous donnons souvent : « Suis-je le gardien de mon frère ? » (*ibid.*). En posant cette question, Dieu met en cause tous les genres de déterminisme ou de fatalisme qui

cherchent à justifier l'indifférence comme la seule réponse possible. Il nous dote, au contraire, de la faculté de créer une culture différente qui nous permet de surmonter les inimitiés et de prendre soin les uns des autres.

58. Le livre de Job se réfère au fait d'avoir un même Créateur comme fondement de la défense de certains droits communs : « Ne les a-t-il pas créés comme moi dans le ventre ? Un même Dieu nous forma dans le sein » (*Jb* 31,15). Des siècles plus tard, saint Irénée l'exprimera par l'image de la mélodie : « Celui [...] qui aime la vérité ne doit pas se laisser abuser par l'intervalle existant entre les différents sons ni soupçonner l'existence de plusieurs Artistes ou Auteurs, dont l'un aurait disposé les sons aigus, un autre, les sons graves, un autre encore, les sons intermédiaires ».[54]

59. Dans les traditions juives, le commandement d'aimer et de prendre soin de l'autre semblait se limiter aux relations entre les membres d'une même nation. Le précepte ancien « tu aimeras ton prochain comme toi-même » (*Lv* 19, 18) était généralement censé se rapporter à des concitoyens. Cependant, surtout dans le judaïsme qui s'est développé hors de la terre d'Israël, les frontières se sont élargies. L'invitation à ne pas faire aux autres ce que tu ne veux pas qu'ils te

[54] St. Irénée de Lyon, *Adversus Haereses* (Contre les hérésies) 2, 25, 2 : *PG* 7/1, col. 798-s, *Sources Chrétiennes*, n. 294, p. 253.

fassent est apparue (cf. *Tb* 4, 15). Le sage Hillel (Ier siècle av. J.-C.) disait à ce sujet : « Voilà la loi et les prophètes ! Tout le reste n'est que commentaire ».[55] Le désir d'imiter les attitudes divines a conduit à surmonter cette tendance à se limiter aux plus proches : « La pitié de l'homme est pour son prochain, mais la pitié du Seigneur est pour toute chair » (*Si* 18, 13).

60. Dans le Nouveau Testament, le précepte d'Hillel est exprimé positivement : « Tout ce que vous voulez que les hommes fassent pour vous, faites-le vous-mêmes pour eux : voilà la Loi et les Prophètes » (*Mt* 7, 12). Cet appel est universel ; il vise à inclure tous les hommes uniquement en raison de la condition humaine de chacun, car le Très-Haut, le Père qui est aux cieux, « fait lever son soleil sur les méchants et sur les bons » (*Mt* 5, 45). En conséquence, il est demandé : « Montrez-vous compatissants, comme votre Père est compatissant » (*Lc* 6, 36).

61. Il y a une raison pour élargir le cœur de manière à ne pas exclure l'étranger, raison qu'on peut déjà trouver dans les textes les plus anciens de la Bible. Cela est dû au souvenir constant qu'entretient le peuple juif d'avoir vécu comme étranger en Égypte :

[55] *Talmud Bavli* (Talmud de Babylone), *Sabbat,* 31 a.

« *Tu ne molesteras pas l'étranger ni ne l'opprimeras car vous-mêmes avez été étrangers dans le pays d'Egypte* » (*Ex* 22, 20).

« Tu n'*opprimeras pas l'étranger. Vous savez ce qu'éprouve l'*étranger, *car vous-mêmes avez été étrangers au pays d'Egypte* » (*Ex* 23, 9).

« *Si un étranger réside avec vous dans votre pays, vous ne le molesterez pas.* L'étranger qui réside avec vous sera pour vous comme un co*mpatriote et tu l'aimeras comme toi-même, car vous avez été étrangers au pays d'Egypte* » (*Lv* 19, 33-34).

« *Lorsque tu vendangeras ta vigne, tu n'iras rien y grappiller ensuite. Ce qui restera sera pour l'*étranger, *l'orphelin et la veuve. Et tu te souviendras que tu as été en servitude au pays d'Egypte* » (*Dt* 24, 21-22).

Dans le Nouveau Testament, l'appel à l'amour fraternel retentit avec force :

« *Car une seule formule contient toute la Loi en sa plénitude : Tu aimeras ton prochain comme toi-même* » (*Ga* 5, 14).

« *Celui qui aime son frère demeure dans la lumière et il n'y a en lui aucune occasion de chute. Mais celui qui hait son frère est dans les ténèbres* » (*1 Jn* 2, 10-11).

« *Nous savons, nous, que nous sommes passés de la mort à la vie, parce que nous aimons nos frères. Celui qui n'aime pas demeure dans la mort* » (*1 Jn* 3, 14).

« Celui qui n'aime pas son frère, qu'*il voit, ne saurait aimer le Dieu qu'il ne voit pas* » (*1 Jn* 4, 20).

62. Même cette proposition d'amour pouvait être mal comprise. Ce n'est pas pour rien que, face à la tentation des premières communautés chré-

tiennes de créer des groupes fermés et isolés, saint Paul exhortait ses disciples à vivre l'amour entre eux « et envers tous » (*1 Th* 3, 12), et que, dans la communauté de Jean, il était demandé de bien accueillir les frères « bien que ce soient des étrangers » (*3 Jn* 5). Ce contexte aide à comprendre la valeur de la parabole du bon Samaritain : il importe peu à l'amour que le frère blessé soit d'ici ou de là-bas. En effet, c'est l'« amour qui brise les chaînes qui nous isolent et qui nous séparent en jetant des ponts ; un amour qui nous permet de construire une grande famille où nous pouvons tous nous sentir chez nous. [...] Un amour qui a saveur de compassion et de dignité ».[56]

L'abandonné

63. Jésus raconte qu'il y avait un homme blessé, gisant sur le chemin, agressé. Plusieurs sont passés près de lui mais ont fui, ils ne se sont pas arrêtés. C'étaient des personnes occupant des fonctions importantes dans la société, qui n'avaient pas dans leur cœur l'amour du bien commun. Elles n'ont pas été capables de perdre quelques minutes pour assister le blessé ou du moins pour lui chercher de l'aide. Quelqu'un d'autre s'est arrêté, lui a fait le don de la proximité, a personnellement pris soin de lui, a également payé de sa poche et s'est occupé de lui. Surtout, il lui a don-

[56] *Discours aux personnes assistées par les œuvres caritatives de l'Eglise,* Tallin - Estonie (25 septembre 2018) : *L'Osservatore Romano*, éd. en langue française (4 octobre 2018), p. 12.

né quelque chose que, dans ce monde angoissé, nous thésaurisons tant : il lui a donné son temps. Il avait sûrement ses plans pour meubler cette journée selon ses besoins, ses engagements ou ses souhaits. Mais il a pu tout mettre de côté à la vue du blessé et, sans le connaître, il a trouvé qu'il méritait qu'il lui consacre son temps.

64. À qui t'identifies-tu ? Cette question est crue, directe et capitale. Parmi ces personnes à qui ressembles-tu ? Nous devons reconnaître la tentation, qui nous guette, de nous désintéresser des autres, surtout des plus faibles. Disons-le, nous avons progressé sur plusieurs plans, mais nous sommes analphabètes en ce qui concerne l'accompagnement, l'assistance et le soutien aux plus fragiles et aux plus faibles de nos sociétés développées. Nous sommes habitués à regarder ailleurs, à passer outre, à ignorer les situations jusqu'à ce qu'elles nous touchent directement.

65. Une personne est agressée dans la rue et beaucoup s'enfuient comme s'ils n'avaient rien vu. Souvent, des gens au volant d'une voiture percutent quelqu'un et s'enfuient. L'unique chose qui leur importe, c'est d'éviter des problèmes ; ils se soucient peu de ce qu'un être humain meure par leur faute. Mais ce sont des signes d'un mode de vie répandu qui se manifeste de diverses manières, peut-être plus subtiles. De plus, comme nous sommes tous fort obnubilés par nos propres besoins, voir quelqu'un souffrir nous dérange, nous perturbe, parce que nous ne voulons pas

perdre notre temps à régler les problèmes d'autrui. Ce sont les symptômes d'une société qui est malade, parce qu'elle cherche à se construire en tournant le dos à la souffrance.

66. Mieux vaut ne pas tomber dans cette misère. Regardons le modèle du bon Samaritain. C'est un texte qui nous invite à raviver notre vocation de citoyens de nos pays respectifs et du monde entier, bâtisseurs d'un nouveau lien social. C'est un appel toujours nouveau, même s'il se présente comme la loi fondamentale de notre être : que la société poursuive la promotion du bien commun et, à partir de cet objectif, reconstruise inlassablement son ordonnancement politique et social, son réseau de relations, son projet humain. Par ses gestes, le bon Samaritain a montré que « notre existence à tous est profondément liée à celle des autres : la vie n'est pas un temps qui s'écoule, mais un temps de rencontre ».[57]

67. Cette parabole est une icône éclairante, capable de mettre en évidence l'option de base que nous devons faire pour reconstruire ce monde qui nous fait mal. Face à tant de douleur, face à tant de blessures, la seule issue, c'est d'être comme le bon Samaritain. Toute autre option conduit soit aux côtés des brigands, soit aux côtés de ceux qui passent outre sans compatir avec la souffrance

[57] *Message vidéo à la conférence TED 2017 de Vancouver* (26 avril 2017) : *L'Osservatore Romano*, éd. en langue française (11 mai 2017), p. 4.

du blessé gisant sur le chemin. La parabole nous montre par quelles initiatives une communauté peut être reconstruite grâce à des hommes et des femmes qui s'approprient la fragilité des autres, qui ne permettent pas qu'émerge une société d'exclusion mais qui se font proches et relèvent puis réhabilitent celui qui est à terre, pour que le bien soit commun. En même temps, la parabole nous met en garde contre certaines attitudes de ceux qui ne se soucient que d'eux-mêmes et ne prennent pas en charge les exigences incontournables de la réalité humaine.

68. Le récit, disons-le clairement, n'offre pas un enseignement sur des idéaux abstraits, ni ne peut être réduit à une leçon de morale éthico-sociale. Il nous révèle une caractéristique essentielle de l'être humain, si souvent oubliée : nous avons été créés pour une plénitude qui n'est atteinte que dans l'amour. Vivre dans l'indifférence face à la douleur n'est pas une option possible ; nous ne pouvons laisser personne rester "en marge de la vie". Cela devrait nous indigner au point de nous faire perdre la sérénité, parce que nous aurions été perturbés par la souffrance humaine. C'est cela la dignité !

Une histoire qui se répète

69. La narration est simple et linéaire, mais elle a toute la dynamique de cette lutte interne qui est menée dans la construction de notre identité, dans chaque existence engagée sur le chemin de

la réalisation de la fraternité humaine. Sur la route, nous rencontrons inévitablement l'homme blessé. Aujourd'hui, et de plus en plus, il y a des blessés. L'inclusion ou l'exclusion de la personne en détresse au bord de la route définit tous les projets économiques, politiques, sociaux et religieux. Chaque jour, nous sommes confrontés au choix d'être de bons samaritains ou des voyageurs indifférents qui passent outre. Et si nous étendons notre regard à l'ensemble de notre histoire et au monde de long en large, tous nous sommes ou avons été comme ces personnages : nous avons tous quelque chose d'un homme blessé, quelque chose d'un brigand, quelque chose de ceux qui passent outre et quelque chose du bon Samaritain.

70. Il est impressionnant que les caractéristiques des personnages du récit changent totalement quand ils sont confrontés à la situation affligeante de l'homme à terre, de l'homme humilié. Il n'y a plus de distinction entre l'habitant de Judée et l'habitant de Samarie, il n'est plus question ni de prêtre ni de marchand ; il y a simplement deux types de personnes : celles qui prennent en charge la douleur et celles qui passent outre ; celles qui se penchent en reconnaissant l'homme à terre et celles qui détournent le regard et accélèrent le pas. En effet, nos multiples masques, nos étiquettes et nos accoutrements tombent : c'est l'heure de vérité ! Allons-nous nous pencher pour toucher et soigner les blessures des autres ? Allons-nous nous pencher pour nous porter les

uns les autres sur les épaules ? C'est le défi actuel dont nous ne devons pas avoir peur. En période de crise, le choix devient pressant : nous pourrions dire que dans une telle situation, toute personne qui n'est pas un brigand ou qui ne passe pas outre, ou bien elle est blessée ou bien elle charge un blessé sur ses épaules.

71. L'histoire du bon Samaritain se répète : il devient de plus en plus évident que la paresse sociale et politique transforme de nombreuses parties de notre monde en un chemin désolé, où les conflits internes et internationaux ainsi que le pillage des ressources créent beaucoup de marginalisés abandonnés au bord de la route. Dans sa parabole, Jésus ne propose pas d'alternatives comme : que serait-il arrivé à cet homme gravement blessé, ou à celui qui l'a aidé, si la colère ou la soif de vengeance avaient gagné leur cœur ? Il se fie au meilleur de l'esprit humain et l'encourage, par la parabole, à adhérer à l'amour, à réintégrer l'homme souffrant et à bâtir une société digne de ce nom.

Les personnages

72. La parabole commence par une allusion aux brigands. Le point de départ que Jésus présente est une agression déjà consommée. Nous n'avons pas à passer du temps à déplorer le fait ; il n'oriente pas nos regards vers les brigands. Nous les connaissons. Nous avons vu avancer dans le monde les ombres épaisses de l'abandon, de la

violence au service d'intérêts mesquins de pouvoir, de cupidité et de clivage. La question pourrait être celle-ci : laisserons-nous gisant à terre l'homme agressé pour courir chacun nous mettre à l'abri de la violence ou pour poursuivre les brigands ? L'homme blessé sera-t-il la justification de nos divisions irréconciliables, de nos indifférences cruelles, de nos affrontements internes ?

73. La parabole nous fait ensuite poser un regard franc sur ceux qui passent outre. Innocente ou non, cette indifférence redoutable consistant à passer son chemin, fruit du mépris ou d'une triste distraction, fait des personnages du prêtre et du lévite un reflet non moins triste de cette distance qu'on crée pour s'isoler de la réalité. Il existe de nombreuses façons de passer outre qui se complètent : l'une consiste à se replier sur soi-même, à se désintéresser des autres, à être indifférent. Une autre est de ne regarder que dehors. En ce qui concerne cette dernière façon de continuer son chemin, dans certains pays ou milieux, il y a un mépris envers les pauvres et envers leur culture, et un mode de vie caractérisé par le regard dirigé vers l'extérieur, comme si on tentait d'imposer de force un projet de société importé. L'indifférence de certains peut ainsi se justifier, car ceux qui pourraient toucher leur cœur par leurs revendications n'existent tout simplement pas. Ils se trouvent hors de l'horizon de leurs intérêts.

74. Chez ceux qui passent outre, il y a un détail que nous ne pouvons ignorer : il s'agissait de personnes religieuses. Mieux, ils œuvraient au service du culte de Dieu : un prêtre et un lévite. C'est un avertissement fort : c'est le signe que croire en Dieu et l'adorer ne garantit pas de vivre selon sa volonté. Une personne de foi peut ne pas être fidèle à tout ce que cette foi exige d'elle, et pourtant elle peut se sentir proche de Dieu et penser avoir plus de dignité que les autres. Mais il existe des manières de vivre la foi qui favorisent l'ouverture du cœur aux frères ; et celle-ci sera la garantie d'une authentique ouverture à Dieu. Saint Jean Chrysostome est parvenu à exprimer avec beaucoup de clarté ce défi auquel sont confrontés les chrétiens : « Veux-tu honorer le Corps du Christ ? Ne commence pas par le mépriser quand il est nu. Ne l'honore pas ici [à l'église] avec des étoffes de soie, pour le négliger dehors où il souffre du froid et de la nudité ».[58] Le paradoxe, c'est que parfois ceux qui affirment ne pas croire peuvent accomplir la volonté de Dieu mieux que les croyants.

75. Les "brigands de la route" ont souvent comme alliés secrets ceux qui "passent outre en regardant de l'autre côté". Le cercle est fermé entre ceux qui utilisent et trompent la société pour la dépouiller et ceux qui croient rester purs dans leur fonction importante, mais en même

[58] *Homiliae in Matthaeum,* 50, 3 : *PG* 58, col. 508.

temps vivent de ce système et de ses ressources. C'est une triste hypocrisie que l'impunité du crime, de l'utilisation d'institutions à des fins personnelles ou corporatives et d'autres maux que nous n'arrivons pas à éliminer aillent de pair avec une disqualification permanente de tout, avec la suspicion constamment semée, source de méfiance et de perplexité ! L'imposture du "tout va mal" a pour réponse "personne ne peut y remédier", "que puis-je faire ?". On alimente ainsi la désillusion et le désespoir, ce qui n'encourage pas un esprit de solidarité et de générosité. Enfoncer un peuple dans le découragement, c'est boucler un cercle pervers parfait : c'est ainsi que procède la dictature invisible des vrais intérêts cachés qui s'emparent des ressources et de la capacité de juger et de penser.

76. Regardons finalement l'homme blessé. Parfois, nous nous sentons, comme lui, gravement blessés et gisant à terre au bord du chemin. Nous nous sentons aussi troublés par nos institutions désarmées et démunies, ou mises au service des intérêts d'une minorité, de l'intérieur et de l'extérieur. En effet « dans la société globalisée, il y a une manière élégante de tourner le regard de l'autre côté qu'on adopte souvent : sous le couvert du politiquement correct ou des modes idéologiques, on regarde celui qui souffre sans le toucher, on le voit à la télévision en direct, et

même on utilise un langage apparemment tolérant et plein d'euphémismes ».[59]

Recommencer

77. Chaque jour, une nouvelle opportunité s'offre à nous, nous entamons une nouvelle étape. Nous ne devons pas tout attendre de nos gouvernants ; ce serait puéril. Nous disposons d'un espace de coresponsabilité pour pouvoir commencer et générer de nouveaux processus et transformations. Soyons parties prenantes de la réhabilitation et de l'aide aux sociétés blessées. Aujourd'hui, nous nous trouvons face à la grande opportunité de montrer que, par essence, nous sommes frères, l'opportunité d'être d'autres bons samaritains qui prennent sur eux-mêmes la douleur des échecs, au lieu d'accentuer les haines et les ressentiments. Comme pour le voyageur de notre histoire qui passait par hasard, il suffirait juste d'être animé du désir spontané, pur et simple de vouloir constituer un peuple, d'être constant et infatigable dans le travail d'inclure, d'intégrer et de relever celui qui gît à terre ; même si bien des fois nous nous sentons débordés et condamnés à reproduire la logique des violents, de ceux qui ne s'intéressent qu'à eux-mêmes, qui ne répandent que confusion et mensonges. Que d'autres continuent à penser à la politique ou à

[59] *Message à l'occasion de la rencontre mondiale des mouvements populaires,* Modesto – États-Unis (10 février 2017) : *L'Osservatore Romano*, éd. en langue française (9 mars 2017), p. 7.

l'économie pour leurs jeux de pouvoir ! Quant à nous, promouvons le bien et mettons-nous au service du bien !

78. Il est possible, en commençant par le bas et le niveau initial, de lutter pour ce qui est le plus concret et le plus local, jusqu'à atteindre les confins de la patrie et du monde, avec la même attention que celle du voyageur de Samarie pour chaque blessure de l'homme agressé. Cherchons les autres et assumons la réalité qui est la nôtre sans peur ni de la souffrance ni de l'impuissance, car c'est là que se trouve tout le bien que Dieu a semé dans le cœur de l'être humain. Les difficultés qui semblent énormes sont une opportunité pour grandir et non une excuse à une tristesse inerte qui favorise la soumission. Mais ne le faisons pas seuls, individuellement. Le Samaritain a cherché un hôte qui pouvait prendre soin de cet homme ; nous aussi, nous sommes invités à nous mobiliser et à nous retrouver dans un "nous" qui soit plus fort que la somme de petites individualités. Rappelons-nous que « le tout est plus que la partie, et plus aussi que la simple somme de celles-ci ».[60] Renonçons à la mesquinerie et au ressentiment des replis sur soi stériles, des antagonismes sans fin ! Cessons de cacher la souffrance causée par les préjudices et assumons nos crimes, nos discordes et nos mensonges ! La réconciliation réparatrice nous ressuscitera et nous

[60] Exhort. ap. *Evangelii gaudium* (24 novembre 2013), n. 235 : *AAS* 105 (2013), p. 1115.

délivrera, aussi bien nous-mêmes que les autres, de la peur.

79. Le Samaritain en voyage est parti sans attendre ni remerciements ni gratitude. Le dévouement dans le service était sa grande satisfaction devant son Dieu et sa conscience, et donc, un devoir. Nous sommes tous responsables du blessé qui est le peuple lui-même et tous les peuples de la terre. Prenons soin de la fragilité de chaque homme, de chaque femme, de chaque enfant et de chaque personne âgée, par cette attitude solidaire et attentive, l'attitude de proximité du bon Samaritain.

Le prochain sans frontières

80. Jésus a proposé cette parabole pour répondre à une question : qui est mon prochain ? Le mot "prochain" dans la société du temps de Jésus indiquait d'ordinaire celui qui était le plus proche, voisin. On considérait que l'aide devait aller en premier lieu à celui qui appartient au même groupe que soi, à sa propre race. Un Samaritain, pour certains Juifs de cette époque, était considéré comme méprisable et impur, et on ne l'incluait pas parmi les proches qui devaient être aidés. Jésus, juif, transforme complètement cette approche : il ne nous invite pas à nous demander qui est proche de nous, mais à nous faire proches, prochains.

81. Ce qui est proposé, c'est d'être présent aux côtés de celui qui a besoin d'aide, sans se soucier de savoir s'il fait partie ou non du même cercle d'appartenance. Dans ce cas-ci, c'est le Samaritain qui *s'est fait proche* du Juif blessé. Pour se faire proche et présent, il a franchi toutes les barrières culturelles et historiques. La conclusion de Jésus est une requête : « Va, et toi aussi, fais de même » (*Lc* 10, 37). Autrement dit, il nous exhorte à laisser de côté toutes les différences et, face à la souffrance, à devenir proche de toute personne. Donc, je ne dis plus que j'ai des "prochains" que je dois aider, mais plutôt que je me sens appelé à devenir un prochain pour les autres.

82. Le problème, c'est que, Jésus le souligne intentionnellement, le blessé était un Juif – habitant de Judée – tandis que celui qui s'est arrêté et l'a aidé était un Samaritain – habitant de Samarie –. Ce détail est d'une importance exceptionnelle dans la réflexion sur un amour ouvert à tous. Les Samaritains habitaient une région gagnée par les rites païens, et, aux yeux des Juifs, cela les rendait impurs, détestables, dangereux. De fait, un ancien texte juif qui mentionne les nations détestées se réfère à la Samarie, en affirmant même qu'elle n'est pas une nation (cf. *Si* 50, 25) ; et il poursuit que c'est « le peuple stupide qui demeure à Sichem » (v. 26).

83. Cela explique pourquoi une Samaritaine, lorsque Jésus lui a demandé à boire, a répondu avec emphase : « Comment ! toi qui es Juif, tu me

demandes à boire à moi qui suis une femme samaritaine ? » (*Jn* 4, 9). Ceux qui recherchaient des accusations susceptibles de discréditer Jésus, la chose la plus blessante qu'ils aient trouvée, c'était de le qualifier de « possédé » et de « Samaritain » (*Jn* 8, 48). Par conséquent, cette rencontre miséricordieuse entre un Samaritain et un Juif est une interpellation puissante qui s'oppose à toute manipulation idéologique, afin que nous puissions élargir notre cercle pour donner à notre capacité d'aimer une dimension universelle capable de surmonter tous les préjugés, toutes les barrières historiques ou culturelles, tous les intérêts mesquins.

L'interpellation de la part de l'étranger

84. Enfin, je me souviens que, dans un autre passage de l'Évangile, Jésus dit : « J'étais un étranger et vous m'avez accueilli » (*Mt* 25, 35). Jésus pouvait prononcer ces mots parce qu'il avait un cœur ouvert faisant siens les drames des autres. Saint Paul exhortait : « Réjouissez-vous avec qui est dans la joie, pleurez avec qui pleure » (*Rm* 12, 15). Lorsque le cœur adopte cette attitude, il est capable de s'identifier à l'autre, peu importe où il est né ou d'où il vient. En entrant dans cette dynamique, il fait finalement l'expérience que les autres sont « sa propre chair » (*Is* 58, 7).

85. Pour les chrétiens, les paroles de Jésus ont encore une autre dimension transcendante. Elles impliquent qu'il faut reconnaître le Christ lui-

même dans chaque frère abandonné ou exclu (cf. *Mt* 25, 40.45). En réalité, la foi fonde la reconnaissance de l'autre sur des motivations inouïes, car celui qui croit peut parvenir à reconnaître que Dieu aime chaque être humain d'un amour infini et qu'« il lui confère ainsi une dignité infinie ».[61] À cela s'ajoute le fait que nous croyons que le Christ a versé son sang pour tous et pour chacun, raison pour laquelle personne ne se trouve hors de son amour universel. Et si nous allons à la source ultime, c'est-à-dire la vie intime de Dieu, nous voyons une communauté de trois Personnes, origine et modèle parfait de toute vie commune. Sur ce point, il y a des développements théologiques de grande portée. La théologie continue de s'enrichir grâce à la réflexion sur cette grande vérité.

86. Parfois, je m'étonne que, malgré de telles motivations, il ait fallu si longtemps à l'Église pour condamner avec force l'esclavage et les diverses formes de violence. Aujourd'hui, avec le développement de la spiritualité et de la théologie, nous n'avons plus d'excuses. Cependant, il s'en trouve encore qui semblent se sentir encouragés, ou du moins autorisés, par leur foi à défendre diverses formes de nationalismes, fondés sur le repli sur soi et violents, des attitudes xénophobes, le mépris, voire les mauvais traitements à

[61] St. Jean-Paul II, *Message aux personnes porteuses de handicap, Angélus* à Osnabrück - Allemagne (16 novembre 1980) : *L'Osservatore Romano,* éd. en langue italienne (19 novembre 1980), p. 13.

l'égard de ceux qui sont différents. La foi, de par l'humanisme qu'elle renferme, doit garder un vif sens critique face à ces tendances et aider à réagir rapidement quand elles commencent à s'infiltrer. C'est pourquoi il est important que la catéchèse et la prédication incluent plus directement et clairement le sens social de l'existence, la dimension fraternelle de la spiritualité, la conviction de la dignité inaliénable de chaque personne et les motivations pour aimer et accueillir tout le monde.

TROISIÈME CHAPITRE

PENSER ET GÉRER UN MONDE OUVERT

87. Un être humain est fait de telle façon qu'il ne se réalise, ne se développe ni ne peut atteindre sa plénitude « que par le don désintéressé de lui-même ».[62] Il ne peut même pas parvenir à reconnaître à fond sa propre vérité si ce n'est dans la rencontre avec les autres : « Je ne communique effectivement avec moi-même que dans la mesure où je communique avec l'autre ».[63] Cela explique pourquoi personne ne peut expérimenter ce que vaut la vie sans des visages concrets à aimer. Il y a là un secret de l'existence humaine authentique, car « la vie subsiste où il y a un lien, la communion, la fraternité ; et c'est une vie plus forte que la mort quand elle est construite sur de vraies relations et des liens de fidélité. En revanche, il n'y a pas de vie là où on a la prétention de n'appartenir qu'à soi-même et de vivre comme des îles : dans ces attitudes, la mort prévaut ».[64]

[62] Conc. Œcum. Vat. II, Const. Past. *Gaudium et spes*, sur l'Église dans le monde de ce temps, n. 24.

[63] Gabriel Marcel, *Du refus à l'invocation*, éd. N.R.F., Paris (1940), p. 50.

[64] *Angélus*, (10 novembre 2019) : *L'Osservatore Romano,* éd. en langue française (12 novembre 2019), p. 3.

88. À partir de l'intimité de chaque cœur, l'amour crée des liens et élargit l'existence s'il fait sortir la personne d'elle-même vers l'autre.[65] Faits pour l'amour, nous avons en chacun d'entre nous « une loi d'"extase" : sortir de soi-même pour trouver en autrui un accroissement d'être ».[66] Voilà pourquoi l'homme doit de toute manière mener à bien cette entreprise : sortir de lui-même.[67]

89. Mais je ne peux pas réduire ma vie à la relation avec un petit groupe, pas même à ma propre famille, car il est impossible de me comprendre sans un réseau de relations plus large : non seulement mon réseau actuel mais aussi celui qui me précède et me façonne tout au long de ma vie. Ma relation avec une personne que j'apprécie ne peut pas méconnaître que cette personne ne vit pas seulement à cause de ses liens avec moi, ni que moi je ne vis pas uniquement en référence à elle. Notre relation, si elle est saine et vraie, nous ouvre à d'autres qui nous font grandir et nous enrichissent. Le sens social le plus noble est aujourd'hui facilement réduit à rien en faveur de liens égoïstes épousant l'apparence de

[65] ST. THOMAS D'AQUIN, *Scriptum super Sententiis*, lib. 3, dist. 27.7.1.a. ad 4 : « Dicitur amor extasim facere, et fervere, quia quod fervet extra se bullit et exhalat ».

[66] KAROL WOJTILA, *Amour et responsabilité*, éd. Dialogue/Stock, Paris (1978) p. 115.

[67] Cf. KARL RAHNER, S.J., *Kleines Kirchenjahr. Ein Gang durch den Festkreis*, éd. Herderbücherei 901, Freiburg (1981), p. 30.

relations intenses. En revanche, l'amour authentique, à même de faire grandir, et les formes les plus nobles d'amitié résident dans des cœurs qui se laissent compléter. Le fait de constituer un couple ou d'être des amis doit ouvrir nos cœurs à d'autres cercles pour nous rendre capables de sortir de nous-mêmes de sorte que nous accueillions tout le monde. Les groupes fermés et les couples autoréférentiels, qui constituent un "nous" contre tout le monde, sont souvent des formes idéalisées d'égoïsme et de pure auto-préservation.

90. Ce n'est pas pour rien que de nombreuses petites villes survivant dans les zones désertiques ont développé une capacité généreuse d'accueil des pèlerins de passage et ont forgé le devoir sacré de l'hospitalité. Les communautés monastiques médiévales en ont également fait montre, comme en témoigne la Règle de saint Benoît. Même si cela pouvait compromettre l'ordre et le silence des monastères, Benoît exigeait que les pauvres et les pèlerins soient traités « avec le plus grand soin et la plus grande sollicitude ».[68] L'hospitalité est une manière concrète de ne pas se priver de ce défi et de ce don qu'est la rencontre avec l'humanité, indépendamment du groupe d'appartenance. Ces personnes comprenaient que toutes les valeurs qu'elles pouvaient cultiver devaient

[68] *Regula*, 53, 15 : « Pauperum et peregrinorum maxime susceptioni cura sollicite exhibetur ».

s'accompagner de cette capacité à se transcender dans une ouverture aux autres.

La valeur unique de l'amour

91. Les gens peuvent développer certaines attitudes qu'ils présentent comme des valeurs morales : force, sobriété, assiduité et autres vertus. Mais, pour bien orienter les actes correspondant aux différentes vertus morales, il faut aussi se demander dans quelle mesure ils créent un dynamisme d'ouverture et d'union avec les autres. Ce dynamisme, c'est la charité que Dieu répand. Autrement, nous ne cultiverions peut-être que l'apparence de vertus, incapables de construire la vie en commun. C'est pourquoi saint Thomas d'Aquin – citant Augustin – affirmait que la tempérance d'une personne avare est loin d'être vertueuse.[69] Saint Bonaventure, en d'autres termes, expliquait que les autres vertus, sans la charité, n'accomplissent pas strictement les commandements « comme Dieu les entend ».[70]

92. La teneur spirituelle d'une vie humaine est caractérisée par l'amour qui est somme toute « le critère pour la décision définitive concernant la

[69] Cf. *Summa Theologiae* II-II, q. 23, art. 7 : St. Augustin, *Contra Julianum, 4, 18 PL 44,* col. 748 : « De que de plaisirs se privent les avares pour augmenter leurs trésors ou par crainte de les voir diminuer ! ».

[70] "Secundum acceptionem divinam", (*Scriptum super Sententiis*, lib. 3, dist., 27, a. 1, q. 1, concl. 4).

valeur ou la non-valeur d'une vie humaine ».[71] Cependant, il y a des croyants qui pensent que leur grandeur réside dans l'imposition de leurs idéologies aux autres, ou dans la défense violente de la vérité ou encore dans de grandes manifestations de force. Nous, croyants, nous devons tous le reconnaître : l'amour passe en premier, ce qui ne doit jamais être mis en danger, c'est l'amour ; le plus grand danger, c'est de ne pas aimer (cf. *1 Co* 13, 1-13).

93. Afin de clarifier en quoi consiste l'expérience de l'amour que Dieu rend possible par sa grâce, saint Thomas d'Aquin la définissait comme un mouvement qui amène à concentrer l'attention sur l'autre « en l'identifiant avec soi-même ».[72] L'attention affective, qui est portée à l'autre, conduit à rechercher son bien gratuitement. Tout cela fait partie d'une appréciation, d'une valorisation, qui est finalement ce qu'exprime le mot "charité" : l'être aimé m'est "cher", c'est-à-dire qu'« il est estimé d'un grand prix » .[73] Et « c'est de l'amour qu'on a pour une personne que dépend le don qu'on lui fait ».[74]

94. L'amour implique donc plus qu'une série d'actions bénéfiques. Les actions jaillissent d'une

[71] Benoît XVI, Lettre enc. *Deus caritas est* (25 décembre 2005), n. 15 : *AAS* 98 (2006), p. 230.

[72] *Summa Theologiae* II-II, q. 27, art. 2, resp.

[73] *Ibid.,* I-II, q. 26, art. 3, resp.

[74] *Ibid.*, q. 110, art. 1, resp.

union qui fait tendre de plus en plus vers l'autre, le considérant précieux, digne, agréable et beau, au-delà des apparences physiques ou morales. L'amour de l'autre pour lui-même nous amène à rechercher le meilleur pour sa vie. Ce n'est qu'en cultivant ce genre de relations que nous rendrons possibles une amitié sociale inclusive et une fraternité ouverte à tous.

L'ouverture croissante de l'amour

95. L'amour nous met enfin en tension vers la communion universelle. Personne ne mûrit ni n'atteint sa plénitude en s'isolant. De par sa propre dynamique, l'amour exige une ouverture croissante, une plus grande capacité à accueillir les autres, dans une aventure sans fin qui oriente toutes les périphéries vers un sens réel d'appartenance mutuelle. Jésus nous disait : « Tous vous êtes des frères » (*Mt* 23, 8).

96. Ce besoin d'aller au-delà de ses propres limites vaut également pour les divers régions et pays. De fait, « le nombre toujours croissant d'interconnexions et de communications qui enveloppent notre planète rend plus palpable la conscience […] du partage d'un destin commun entre les nations de la terre. Dans les dynamismes de l'histoire, de même que dans la diversité des ethnies, des sociétés et des cultures, nous voyons ainsi semée la vocation à former une communau-

té composée de frères qui s'accueillent réciproquement, en prenant soin les uns des autres ».[75]

Sociétés ouvertes qui intègrent tout le monde

97. Certaines périphéries sont proches de nous, au centre d'une ville ou dans notre propre famille. Il y a aussi un aspect de l'ouverture universelle de l'amour qui n'est pas géographique mais existentiel. C'est la capacité quotidienne d'élargir mon cercle, de rejoindre ceux que je ne considère pas spontanément comme faisant partie de mon centre d'intérêts, même s'ils sont proches de moi. Par ailleurs, chaque sœur ou frère souffrant, abandonné ou ignoré par ma société, est un étranger existentiel, même s'il est natif du pays. Il peut s'agir d'un citoyen possédant tous les papiers, mais on le traite comme un étranger dans son propre pays. Le racisme est un virus qui mute facilement et qui, au lieu de disparaître, se dissimule, étant toujours à l'affût.

98. Je voudrais faire mémoire de ces "exilés cachés" qui sont traités comme des corps étrangers dans la société.[76] De nombreuses personnes porteuses de handicap « sentent qu'elles existent

[75] *Message pour la 47e Journée Mondiale de la Paix 1er janvier 2014* (8 décembre 2013) : *L'Osservatore Romano,* éd. en langue française (12 décembre 2013), p. 8.

[76] Cf. *Angélus* (29 décembre 2013): *L'Osservatore Romano,* éd. en langue française (2 janvier 2014), p. 5 *; Discours au Corps diplomatique accrédité près le Saint-Siège* (12 janvier 2015) : *L'Osservatore Romano,* éd. en langue française (15 janvier 2015), p. 8.

sans appartenance et sans participation ». Il y en a encore beaucoup d'autres « qu'on empêche d'avoir la pleine citoyenneté ». L'objectif, ce n'est pas seulement de prendre soin d'elles, mais qu'elles participent « activement à la communauté civile et ecclésiale. C'est un chemin exigeant mais aussi difficile, qui contribuera de plus en plus à former les consciences à reconnaître chaque individu comme une personne unique et irremplaçable ». Je pense aussi aux « personnes âgées, qui, notamment en raison de leur handicap, sont parfois perçues comme un fardeau ». Cependant, chacune d'entre elles peut apporter « une contribution irremplaçable au bien commun à travers son parcours de vie original ». Je me permets d'insister : il faut avoir « le courage de donner la parole à ceux qui subissent la discrimination à cause de leur handicap, parce que, malheureusement dans certains pays, on peine aujourd'hui encore à les reconnaître comme des personnes de dignité égale ».[77]

Compréhensions inadéquates d'un amour universel

99. L'amour qui s'étend au-delà des frontières a pour fondement ce que nous appelons "l'amitié sociale" dans chaque ville ou dans chaque pays. Lorsqu'elle est authentique, cette amitié sociale au sein d'une communauté est la condition de la

[77] *Message pour la Journée Internationale des personnes porteuses de handicap* (3 décembre 2019) : *L'Osservatore Romano,* éd. en langue française (10 décembre 2019), p. 8.

possibilité d'une ouverture universelle vraie. Il ne s'agit pas du faux universalisme de celui qui a constamment besoin de voyager parce qu'il ne supporte ni n'aime son propre peuple. Celui qui a du mépris pour son propre peuple établit dans la société des catégories, de première ou de deuxième classe, de personnes ayant plus ou moins de dignité et de droits. De cette façon, il nie qu'il y a de la place pour tout le monde.

100. Je ne propose pas non plus un universalisme autoritaire et abstrait, conçu ou planifié par certains et présenté comme une aspiration prétendue pour homogénéiser, dominer et piller. Il existe un modèle de globalisation qui « soigneusement vise une uniformité unidimensionnelle et tente d'éliminer toutes les différences et toutes les traditions dans une recherche superficielle d'unité. [...] Si une globalisation prétend [tout] aplanir [...], comme s'il s'agissait d'une sphère, cette globalisation détruit la richesse ainsi que la particularité de chaque personne et de chaque peuple ».[78] Ce faux rêve universaliste finit par priver le monde de sa variété colorée, de sa beauté et en définitive de son humanité. En effet, « l'avenir n'est pas monochromatique, mais [...] est possible si nous avons le courage de le regarder dans la variété et dans la diversité de ce que chacun

[78] *Discours lors de la rencontre pour la liberté religieuse avec la communauté hispanique et d'autres immigrés*, Philadelphie - États-Unis (26 septembre 2015) : *L'Osservatore Romano*, éd. en langue française (8 octobre 2015), p. 11.

peut apporter. Comme notre famille humaine a besoin d'apprendre à vivre ensemble dans l'harmonie et dans la paix sans que nous ayons besoin d'être tous pareils ! ».[79]

TRANSCENDER UN MONDE DE PARTENAIRES

101. Revenons maintenant à cette parabole du bon Samaritain qui a encore beaucoup à nous enseigner. Un homme blessé gisait sur le chemin. Les autorités qui l'ont croisé n'avaient pas fixé leur attention sur cet appel intérieur à devenir proches, mais sur leur fonction, sur leur position sociale, sur une profession fondamentale dans la société. Elles se sentaient importantes pour la société du moment et leur urgence était le rôle qu'elles devaient jouer. L'homme blessé et abandonné sur la route était une gêne pour ce projet, une entrave, et par ailleurs il n'assumait aucune fonction. Il n'était rien, il n'appartenait pas à un groupe renommé, il n'avait aucun rôle dans la construction de l'histoire. Cependant, le généreux Samaritain a résisté à ces classifications étriquées, même s'il n'appartenait à aucune de ces catégories et était un simple étranger sans place spécifique dans la société. Ainsi, libre de tout titre et de toute charge, il a été en mesure d'interrompre son voyage, de changer de projet, d'être

[79] *Discours aux jeunes*, Tokyo - Japon (25 novembre 2019) : *L'Osservatore Romano,* éd. en langue française (3 décembre 2019), p. 10.

disponible pour s'ouvrir à la surprise de l'homme blessé qui avait besoin de lui.

102. Quelle réaction une telle narration peut-elle provoquer aujourd'hui, dans un monde où apparaissent et grandissent constamment des groupes sociaux qui s'accrochent à une identité qui les sépare des autres ? Comment peut-elle toucher ceux qui ont tendance à s'organiser de manière à empêcher toute présence étrangère susceptible de perturber cette identité et cette organisation auto-protectrice et autoréférentielle ? Dans ce schéma, la possibilité de se faire prochain est exclue, sauf de celui par qui on est assuré d'obtenir des avantages personnels. Ainsi le terme "prochain" perd tout son sens, et seul le mot "partenaire", l'associé pour des intérêts déterminés, a du sens.[80]

Liberté, égalité et fraternité

103. La fraternité n'est pas que le résultat des conditions de respect des libertés individuelles, ni même d'une certaine équité observée. Bien qu'il s'agisse de présupposés qui la rendent possible, ceux-ci ne suffisent pas pour qu'elle émerge comme un résultat immanquable. La fraternité a quelque chose de positif à offrir à la liberté et à l'égalité. Que se passe-t-il sans une fra-

[80] Pour ces considérations, je me suis inspiré de la pensée de Paul Ricœur, "Le *socius* et le prochain", in : *Histoire et vérité*, éd. du Seuil, Paris (1967), pp. 113-127.

ternité cultivée consciemment, sans une volonté politique de fraternité, traduite en éducation à la fraternité, au dialogue, à la découverte de la réciprocité et de l'enrichissement mutuel comme valeur ? Ce qui se passe, c'est que la liberté s'affaiblit, devenant ainsi davantage une condition de solitude, de pure indépendance pour appartenir à quelqu'un ou à quelque chose, ou simplement pour posséder et jouir. Cela n'épuise pas du tout la richesse de la liberté qui est avant tout ordonnée à l'amour.

104. On n'obtient pas non plus l'égalité en définissant dans l'abstrait que “tous les êtres humains sont égaux”, mais elle est le résultat d'une culture consciente et pédagogique de la fraternité. Ceux qui ne peuvent être que des partenaires créent des cercles fermés. Quel sens peut avoir dans ce schéma une personne qui n'appartient pas au cercle des partenaires et arrive en rêvant d'une vie meilleure pour elle-même et sa famille ?

105. L'individualisme ne nous rend pas plus libres, plus égaux, plus frères. La simple somme des intérêts individuels n'est pas capable de créer un monde meilleur pour toute l'humanité. Elle ne peut même pas nous préserver de tant de maux qui prennent de plus en plus une envergure mondiale. Mais l'individualisme radical est le virus le plus difficile à vaincre. Il nous trompe. Il nous fait croire que tout consiste à donner libre cours aux ambitions personnelles, comme si en accu-

mulant les ambitions et les sécurités individuelles nous pouvions construire le bien commun.

Amour universel qui promeut les personnes

106. Il est quelque chose de fondamental et d'essentiel à reconnaître pour progresser vers l'amitié sociale et la fraternité universelle : réaliser combien vaut un être humain, combien vaut une personne, toujours et en toute circonstance. Si tous les hommes et femmes ont la même valeur, il faut dire clairement et fermement que « le seul fait d'être né en un lieu avec moins de ressources ou moins de développement ne justifie pas que des personnes vivent dans une moindre dignité ».[81] Il s'agit d'un principe élémentaire de la vie sociale qui est souvent ignoré de différentes manières par ceux qui estiment qu'il n'apporte rien à leur vision du monde ni ne sert à leurs fins.

107. Tout être humain a le droit de vivre dans la dignité et de se développer pleinement, et ce droit fondamental ne peut être nié par aucun pays. Il possède ce droit même s'il n'est pas très efficace, même s'il est né ou a grandi avec des limites. Car cela ne porte pas atteinte à son immense dignité de personne humaine qui ne repose pas sur les circonstances mais sur la valeur de son être. Lorsque ce principe élémentaire n'est

[81] Exhort. ap. *Evangelii gaudium* (24 novembre 2013), n. 190 : *AAS* 105 (2013), p. 1100.

pas préservé, il n'y a d'avenir ni pour la fraternité ni pour la survie de l'humanité.

108. Certaines sociétés acceptent en partie ce principe. Elles acceptent qu'il existe des possibilités pour tout le monde, mais en déduisent que tout dépend de chacun. Dans cette perspective partielle, il serait absurde de « s'investir afin que ceux qui restent en arrière, les faibles ou les moins pourvus, puissent se faire un chemin dans la vie ».[82] Investir en faveur des personnes fragiles peut ne pas être rentable, cela peut impliquer moins d'efficacité. Cela requiert un État présent et actif ainsi que des institutions de la société civile qui, du fait qu'elles sont vraiment ordonnées d'abord aux personnes et au bien commun, aillent au-delà de la liberté des mécanismes, axés sur l'efficacité, de certains systèmes économiques, politiques ou idéologiques.

109. Certains naissent dans des familles aisées, reçoivent une bonne éducation, grandissent en se nourrissant bien ou possèdent naturellement des capacités exceptionnelles. Ceux-là n'auront sûrement pas besoin d'un État actif et ne revendiqueront que la liberté. Mais évidemment, la même règle ne vaut pas pour une personne porteuse de handicap, pour quelqu'un qui est né dans une famille très pauvre, pour celui qui a bénéficié d'une éducation de qualité inférieure et de ressources

[82] *Ibid.*, n. 209 : *AAS* 105 (2013), p. 1107.

limitées en vue de soigner convenablement ses maladies. Si la société est régie principalement par les critères de liberté du marché et d'efficacité, il n'y a pas de place pour eux et la fraternité est une expression romantique de plus.

110. C'est un fait qu' « une liberté économique seulement déclamée, tandis que les conditions réelles empêchent beaucoup de pouvoir y accéder concrètement […] devient un discours contradictoire ».[83] Des termes comme liberté, démocratie ou fraternité se vident de leurs sens. Car la réalité, c'est que « tant que notre système économique et social produira encore une seule victime et tant qu'il y aura une seule personne mise à l'écart, la fête de la fraternité universelle ne pourra pas avoir lieu ».[84] Une société humaine et fraternelle est capable de veiller de manière efficace et stable à ce que chacun soit accompagné au cours de sa vie, non seulement pour subvenir à ses besoins fondamentaux, mais aussi pour pouvoir donner le meilleur de lui-même, même si son rendement n'est pas le meilleur, même s'il est lent, même si son efficacité n'est pas exceptionnelle.

111. La personne humaine, dotée de droits inaliénables, est de par sa nature même ouverte aux

[83] Lettre enc. *Laudato si'* (24 mai 2015), n. 129 : *AAS* 107 (2015), p. 899.

[84] *Message pour l'événement "Economy of Francesco"* (1er mai 2019) : *L'Osservatore Romano,* éd. en langue française (21 mai 2019), p. 9.

liens. L'appel à se transcender dans la rencontre avec les autres se trouve à la racine même de son être. C'est pourquoi « il convient de faire attention pour ne pas tomber dans des équivoques qui peuvent naître d'un malentendu sur le concept de droits humains et de leur abus paradoxal. Il y a en effet aujourd'hui la tendance à une revendication toujours plus grande des droits individuels – je suis tenté de dire individualistes –, qui cache une conception de la personne humaine détachée de tout contexte social et anthropologique, presque comme une « monade » (*monás*), toujours plus insensible. [...] Si le droit de chacun n'est pas harmonieusement ordonné au bien plus grand, il finit par se concevoir comme sans limites et, par conséquent, devenir source de conflits et de violences ».[85]

Promouvoir le bien moral

112. Nous n'aurons de cesse de le dire, le désir et la recherche du bien d'autrui et de l'humanité tout entière impliquent également la recherche d'une maturation des personnes et des sociétés dans les différentes valeurs morales qui conduisent à un développement humain intégral. Dans le Nouveau Testament, un fruit du Saint-Esprit (cf. *Ga* 5, 22) est désigné par le terme grec *agazosúne*. Il indique l'attachement au

[85] *Discours au Parlement européen*, Strasbourg (25 novembre 2014): *L'Osservatore Romano,* éd. en langue française (27 novembre 2014), p. 8.

bien, la recherche du bien. Mieux encore, c'est la quête de ce qui est excellent, du meilleur pour les autres : leur maturation, leur croissance dans une vie saine, la promotion des valeurs et pas seulement le bien-être matériel. Il y a une expression latine analogue : *bene-volentia*, qui indique le fait de vouloir le bien de l'autre. C'est un désir fort du bien, un penchant vers tout ce qui est bon et excellent, qui pousse à remplir la vie des autres de choses belles, sublimes et édifiantes.

113. À ce sujet, je viens encore souligner avec tristesse que « depuis trop longtemps déjà, nous sommes dans la dégradation morale, en nous moquant de l'éthique, de la bonté, de la foi, de l'honnêteté. L'heure est arrivée de réaliser que cette joyeuse superficialité nous a peu servi. Cette destruction de tout fondement de la vie sociale finit par nous opposer les uns aux autres, chacun cherchant à préserver ses propres intérêts ».[86] Revenons à la promotion du bien, pour nous-mêmes et pour l'humanité tout entière, et nous progresserons ainsi ensemble vers une croissance authentique et intégrale. Chaque société doit veiller à ce que les valeurs soient transmises, car, autrement, l'égoïsme, la violence, la corruption sous leurs différentes formes, l'indifférence et, finalement, une vie fermée à toute transcendance et emmurée dans les intérêts individuels sont véhiculés.

[86] Lettre enc. *Laudato si'* (24 mai 2015), n. 229 : *AAS* 107 (2015), p. 937.

La valeur de la solidarité

114. Je voudrais mettre en exergue la solidarité qui « comme vertu morale et attitude sociale, fruit de la conversion personnelle, exige un engagement d'une multiplicité de sujets qui ont une responsabilité de caractère éducatif et formateur. Ma première pensée va aux familles, appelées à une mission éducative première et incontournable. Elles constituent le premier lieu où se vivent et se transmettent les valeurs de l'amour et de la fraternité, de la convivialité et du partage, de l'attention et du soin de l'autre. Elles sont aussi le milieu privilégié pour la transmission de la foi, en commençant par ces simples gestes de dévotion que les mères enseignent à leurs enfants. Pour ce qui concerne les éducateurs et les formateurs qui, à l'école ou dans les différents centres de socialisation infantile et juvénile, ont la tâche exigeante d'éduquer des enfants et des jeunes, ils sont appelés à être conscients que leur responsabilité regarde les dimensions morales, spirituelles et sociales de la personne. Les valeurs de la liberté, du respect réciproque et de la solidarité peuvent être transmises dès le plus jeune âge. [...] Les agents culturels et des moyens de communication sociale ont aussi une responsabilité dans le domaine de l'éducation et de la formation, spécialement dans la société contemporaine, où l'accès aux ins-

truments d'information et de communication est toujours plus répandu ».[87]

115. En ces moments où tout semble se diluer et perdre consistance, il convient de recourir à la solidité[88] tirant sa source de la conscience que nous avons d'être responsables de la fragilité des autres dans notre quête d'un destin commun. La solidarité se manifeste concrètement dans le service qui peut prendre des formes très différentes de s'occuper des autres. Servir, c'est « en grande partie, prendre soin de la fragilité. Servir signifie prendre soin des membres fragiles de nos familles, de notre société, de notre peuple ». Dans cette tâche, chacun est capable de « laisser de côté, ses aspirations, ses envies, ses désirs de toute puissance, en voyant concrètement les plus fragiles. [...] Le service vise toujours le visage du frère, il touche sa chair, il sent sa proximité et même dans certains cas la "souffre" et cherche la promotion du frère. Voilà pourquoi, le service n'est jamais idéologique, puisqu'il ne sert pas des idées, mais des personnes ».[89]

[87] *Message pour la 49ᵉ Journée Mondiale de la Paix 1ᵉʳ janvier 2016* (8 décembre 2015) : *L'Osservatore Romano,* éd. en langue française (17-24 décembre 2015), p. 9.

[88] Solidité se trouve à la racine étymologique du terme solidarité. La solidarité, dans le sens éthique et politique qu'il a pris ces deux derniers siècles, donne lieu à une construction sociale sûre et stable.

[89] *Homélie lors de la Sainte Messe,* La Havane – Cuba (20 septembre 2015) : *L'Osservatore Romano,* éd. en langue française (24 septembre 2015), p. 6.

116. En général, les laissés-pour-compte « pratiquent la solidarité si spéciale qui existe entre ceux qui souffrent, entre les pauvres, et que notre civilisation semble avoir oublié, ou tout au moins a très envie d'oublier. La solidarité est un mot qui ne plaît pas toujours ; je dirais que parfois, nous l'avons transformé en un gros mot, on ne peut pas le prononcer ; mais c'est un mot qui exprime beaucoup plus que certains gestes de générosité ponctuels. C'est penser et agir en termes de communauté, de priorité de la vie de tous sur l'appropriation des biens de la part de certains. C'est également lutter contre les causes structurelles de la pauvreté, de l'inégalité, du manque de travail, de terre et de logement, de la négation des droits sociaux et du travail. C'est faire face aux effets destructeurs de l'Empire de l'argent. […] La solidarité, entendue dans son sens le plus profond, est une façon de faire l'histoire et c'est ce que font les mouvements populaires ».[90]

117. Lorsque nous parlons de protection de la maison commune qu'est la planète, nous nous référons à ce minimum de conscience universelle et de sens de sollicitude mutuelle qui peuvent encore subsister chez les personnes. En effet, si quelqu'un a de l'eau en quantité surabondante et malgré cela la préserve en pensant à l'humanité, c'est qu'il a atteint un haut niveau moral qui

[90] *Discours aux participants* à la rencontre mondiale des m*ouvements populaires* (28 octobre 2014) : *L'Osservatore Romano,* éd. en langue française (6 novembre 2014), p. 4.

lui permet de se transcender lui-même ainsi que son groupe d'appartenance. Cela est merveilleusement humain ! Cette même attitude est nécessaire pour reconnaître les droits de tout être humain, même né ailleurs.

Remettre l'accent sur la fonction sociale de la propriété

118. Le monde existe pour tous, car nous tous, en tant qu'êtres humains, nous naissons sur cette terre avec la même dignité. Les différences de couleur, de religion, de capacités, de lieu de naissance, de lieu de résidence, et tant d'autres différences, ne peuvent pas être priorisées ou utilisées pour justifier les privilèges de certains sur les droits de tous. Par conséquent, en tant que communauté, nous sommes appelés à veiller à ce que chaque personne vive dans la dignité et ait des opportunités appropriées pour son développement intégral.

119. Au cours des premiers siècles de la foi chrétienne, plusieurs sages ont développé un sens universel dans leur réflexion sur le destin commun des biens créés.[91] Cela a amené à penser que si une personne ne dispose pas de ce qui

[91] Cf. St. Basile, *Homilia 21. Quod rebus mundanis adhaerendum non sit*, 3.5 : *PG* 31, col. 545-549 ; *Regulae brevius tractatae*, 92 : *PG* 31, col. 1145-1148 ; St. Pierre Chrysologue, *Sermo 123* : *PL* 52, col. 536-540 ; S. Ambroise, *De Nabuthe* 27.52 : *PL* 14, col. 738s ; St. Augustin, *In Iohannis Evangelium* 6, 25 : *PL* 35, col. 1436s.

est nécessaire pour vivre dignement, c'est que quelqu'un d'autre l'en prive. Saint Jean Chrysostome le résume en disant que « ne pas faire participer les pauvres à ses propres biens, c'est les voler et leur enlever la vie. Ce ne sont pas nos biens que nous détenons, mais les leurs ».[92] Ou en d'autres termes, comme l'a affirmé saint Grégoire le Grand : « Quand nous donnons aux pauvres les choses qui leur sont nécessaires, nous ne leur donnons pas tant ce qui est à nous, que nous leur rendons ce qui est à eux ».[93]

120. Je viens de nouveau faire miennes et proposer à tous quelques paroles de saint Jean-Paul II dont la force n'a peut-être pas été perçue : « Dieu a donné la terre à tout le genre humain pour qu'elle fasse vivre tous ses membres, sans exclure ni privilégier personne ».[94] Dans ce sens, je rappelle que « la tradition chrétienne n'a jamais reconnu comme absolu ou intouchable le droit à la propriété privée, et elle a souligné la fonction sociale de toute forme de propriété privée ».[95] Le principe de l'usage commun des biens créés pour tous est le « premier principe de tout l'ordre éthico-social »[96] ; c'est un droit naturel, originaire

[92] *De Lazaro Concio* 2, 6 : *PG* 48, col. 992D.

[93] *Regula pastoralis* 3, 2 : *PL* 77, p. 87.

[94] Lettre enc. *Centesimus annus* (1er mai 1991), n. 31 : *AAS* 83 (1991), p. 831.

[95] Lettre enc. *Laudato si'* (24 mai 2015), n. 93 : *AAS* 107 (2015), p. 884.

[96] St. Jean-Paul II, Lettre enc. *Laborem exercens* (14 septembre 1981), n. 19 : *AAS* 73 (1981), p. 626.

et prioritaire.[97] Tous les autres droits concernant les biens nécessaires à l'épanouissement intégral des personnes, y compris celui de la propriété privée et tout autre droit « n'en doivent donc pas entraver, mais bien au contraire faciliter la réalisation »,[98] comme l'affirmait saint Paul VI. Le droit à la propriété privée ne peut être considéré que comme un droit naturel secondaire et dérivé du principe de la destination universelle des biens créés ; et cela comporte des conséquences très concrètes qui doivent se refléter sur le fonctionnement de la société. Mais il arrive souvent que les droits secondaires se superposent aux droits prioritaires et originaires en les privant de toute portée pratique.

Droits sans frontières

121. Personne ne peut donc être exclu, peu importe où il est né, et encore moins en raison des privilèges dont jouissent les autres parce qu'ils sont nés quelque part où existent plus de possibilités. Les limites et les frontières des États ne peuvent pas s'opposer à ce que cela s'accomplisse. Tout comme il est inacceptable qu'une personne ait moins de droits parce qu'elle est une femme, il est de même inacceptable que le lieu de naissance ou de résidence implique à lui seul

[97] Cf. Conseil Pontifical Justice et Paix, *Compendium de la doctrine sociale de l'Église*, n. 172.

[98] Lettre enc. *Populorum progressio* (26 mars 1967), n. 22 : *AAS* 59 (1967), p. 268.

qu'on ait moins de possibilités d'une vie digne et de développement.

122. Le développement ne doit pas être orienté vers l'accumulation croissante au bénéfice de quelques-uns, mais doit assurer « les droits humains, personnels et sociaux, économiques et politiques, y compris les droits des nations et des peuples ».[99] Le droit de certains à la liberté d'entreprise ou de marché ne peut se trouver au-dessus des droits des peuples et de la dignité des pauvres, pas plus qu'au-dessus du respect de l'environnement, car « celui qui s'approprie quelque chose, c'est seulement pour l'administrer pour le bien de tous ».[100]

123. Certes, l'activité des entrepreneurs « est une vocation noble orientée à produire de la richesse et à améliorer le monde pour tous ».[101] Dieu nous promeut ; il attend de nous que nous exploitions les capacités qu'il nous a données et il a rempli l'univers de ressources. Dans ses desseins, « chaque homme est appelé à se développer »,[102] et cela comprend le développement

[99] St. Jean-Paul II, Lettre enc. *Sollicitudo rei socialis* (30 décembre 1987), n. 33 : *AAS* 80 (1988), p. 557.

[100] Lettre enc. *Laudato si'* (24 mai 2015), n. 95 : *AAS* 107 (2015), p. 885.

[101] *Ibid.*, n. 129, *AAS* 107 (2015), p. 899.

[102] St. Paul VI, Lettre enc. *Populorum progressio* (26 marzo 1967), n. 15 : *AAS* 59 (1967), p. 265 ; cf. Benoît XVI, Lettre enc. *Caritas in veritate* (29 juin 2009), n. 16 : *AAS* 101 (2009), p. 652.

des capacités économiques et technologiques d'accroître les biens et d'augmenter la richesse. Mais dans tous les cas, ces capacités des entrepreneurs, qui sont un don de Dieu, devraient être clairement ordonnées au développement des autres personnes et à la suppression de la misère, notamment par la création de sources de travail diversifiées. À côté du droit de propriété privée, il y a toujours le principe, plus important et prioritaire, de la subordination de toute propriété privée à la destination universelle des biens de la terre et, par conséquent, le droit de tous à leur utilisation.[103]

Les droits des peuples

124. La conviction concernant la destination commune des biens de la terre doit s'appliquer aujourd'hui également aux pays, à leurs territoires et à leurs ressources. En considérant tout cela non seulement du point de vue de la légitimité de la propriété privée et des droits des citoyens d'une nation déterminée, mais aussi à partir du principe premier de la destination commune des biens, nous pouvons alors affirmer que chaque pays est également celui de l'étranger, étant donné que les ressources d'un territoire ne doivent pas être niées à une personne dans le besoin provenant d'ailleurs. En effet, comme l'ont enseigné

[103] Cf. Lettre enc. *Laudato si'* (24 mai 2015), n. 93 : *AAS* 107 (2015), pp. 884-885 ; Exhort. ap. *Evangelii gaudium* (24 novembre 2013), nn. 189-190 : *AAS* 105 (2013), pp. 1099-1100.

les évêques des États-Unis, il existe des droits fondamentaux qui « précèdent toute société, car ils découlent de la dignité inhérente à chaque personne en tant que créature de Dieu ».[104]

125. Cela suppose également une autre manière de comprendre les relations et les échanges entre les pays. Si toute personne a une dignité inaliénable, si chaque être humain est mon frère ou ma sœur et si le monde appartient vraiment à tous, peu importe que quelqu'un soit né ici ou vive hors de son propre pays. Ma nation est également coresponsable de son développement, bien qu'elle puisse s'acquitter de cette responsabilité de diverses manières : en l'accueillant généreusement en cas de besoin urgent, en le soutenant dans son propre pays, en se gardant d'utiliser ou de vider des pays entiers de leurs ressources naturelles par des systèmes corrompus qui entravent le développement digne des peuples. Ceci, qui vaut pour les nations, s'applique également aux différentes régions de chaque pays entre lesquelles il existe souvent de graves inégalités. Mais l'incapacité à reconnaître une dignité humaine égale pour tous conduit parfois les régions les plus développées de certains pays à rêver de se libérer du "fardeau" des parties les plus pauvres pour augmenter davantage encore leur niveau de consommation.

[104] Conférence des Évêques catholiques des États-Unis, Lettre pastorale contre le racisme *Open wide our Hearts: The enduring Call to Love*, (novembre 2018).

126. Nous parlons d'un nouveau réseau dans les relations internationales, car il est impossible de résoudre les graves problèmes du monde en ne pensant qu'à des formes d'entraide entre individus ou petits groupes. Souvenons-nous que « l'inégalité n'affecte pas seulement les individus, mais aussi des pays entiers, et oblige à penser à une éthique des relations internationales ».[105] Et la justice exige que soient reconnus et respectés non seulement les droits individuels, mais aussi les droits sociaux et les droits des peuples.[106] Ce que nous disons implique que soit garanti « le droit fondamental des peuples à leur subsistance et à leur progrès »[107] qui est parfois gravement entravé par la pression exercée par la dette extérieure. Le service de la dette, dans bien des cas, non seulement ne favorise pas le développement mais le limite et le conditionne fortement. Restant ferme le principe selon lequel toute dette légitimement contractée est à payer, la manière dont de nombreux pays pauvres l'honorent envers les pays riches ne doit pas en arriver à compromettre leur survie et leur croissance.

127. Il s'agit, sans aucun doute, d'une autre logique. Si l'on n'essaie pas d'entrer dans cette logique, mes paroles auront l'air de fantasmes. Mais

[105] Lettre enc. *Laudato si'* (24 mai 2015), n. 51 : *AAS* 107 (2015), p. 867.

[106] Cf. Benoît XVI, Lettre enc. *Caritas in veritate* (29 juin 2009), n. 6 : *AAS* 101 (2009), p. 644.

[107] St. Jean-Paul II, Lettre enc. *Centesimus annus* (1er mai 1991), n. 35 : *AAS* 83 (1991), p. 838.

si l'on accepte le grand principe des droits qui découlent du seul fait de posséder la dignité humaine inaliénable, il est possible d'accepter le défi de rêver et de penser à une autre humanité. On peut aspirer à une planète qui assure terre, toit et travail à tous. C'est le vrai chemin de la paix, et non la stratégie, dénuée de sens et à courte vue, de semer la peur ou la méfiance face aux menaces extérieures. En effet, une paix réelle et durable n'est possible « qu'à partir d'une éthique globale de solidarité et de coopération au service d'un avenir façonné par l'interdépendance et la coresponsabilité au sein de toute la famille humaine ».[108]

[108] *Discours sur les armes nucléaires*, Nagasaki - Japon (24 novembre 2019) : *L'Osservatore Romano,* éd. en langue française (3 décembre 2019), p. 5.

QUATRIÈME CHAPITRE

UN CŒUR OUVERT AU MONDE

128. Si l'affirmation selon laquelle tous en tant qu'êtres humains nous sommes frères et sœurs n'est pas seulement une abstraction mais devient réalité et se concrétise, cela nous met face à une série de défis qui nous bouleversent, nous obligent à envisager de nouvelles perspectives et à développer de nouvelles réactions.

La limite des frontières

129. Lorsque le prochain est une personne migrante, des défis complexes s'entremêlent.[109] Certes, l'idéal serait d'éviter les migrations inutiles et pour y arriver, il faudrait créer dans les pays d'origine la possibilité effective de vivre et de grandir dans la dignité, de sorte que sur place les conditions pour le développement intégral de chacun puissent se réunir. Mais quand des progrès notables dans ce sens manquent, il faut respecter le droit de tout être humain de trouver un lieu où il puisse non seulement répondre à ses besoins fondamentaux et à ceux de sa famille, mais aussi se réaliser intégralement comme personne. Nos efforts vis-à-vis des personnes migrantes qui arrivent peuvent se résumer en quatre

[109] Cf. Évêques catholiques du Mexique et des États-Unis, Lettre pastorale sur la migration *Strangers no longer : together on the journey of hope*, (janvier 2003).

verbes : accueillir, protéger, promouvoir et intégrer. En effet, « il ne s'agit pas d'imposer d'en haut des programmes d'assistance, mais d'accomplir ensemble un chemin à travers ces quatre actions, pour construire des villes et des pays qui, tout en conservant leurs identités culturelles et religieuses respectives, soient ouvertes aux différences et sachent les valoriser sous le signe de la fraternité humaine ».[110]

130. Cela implique des réponses indispensables, notamment face à ceux qui fuient de graves crises humanitaires. Par exemple : augmenter et simplifier l'octroi des visas, adopter des programmes de parrainage privé et communautaire, ouvrir des couloirs humanitaires pour les réfugiés les plus vulnérables, offrir un logement approprié et décent, garantir la sécurité personnelle et l'accès aux services essentiels, assurer une assistance consulaire appropriée, garantir leur droit d'avoir toujours des documents personnels d'identité, un accès équitable à la justice, la possibilité d'ouvrir des comptes bancaires et d'avoir ce qui est essentiel pour leur subsistance vitale, leur donner la liberté de mouvement et la possibilité de travailler, protéger les mineurs et leur assurer l'accès régulier à l'éducation, envisager des programmes de garde provisoire ou d'accueil, garantir la liberté religieuse, promouvoir l'insertion sociale, favori-

[110] *Audience générale* (3 avril 2019) : *L'Osservatore Romano*, éd. en langue française (9 avril 2019), p. 2.

ser le regroupement familial et préparer les communautés locales aux processus d'intégration.[111]

131. Il est important d'appliquer aux migrants arrivés depuis quelque temps et intégrés à la société le concept de "citoyenneté" qui « se base sur l'égalité des droits et des devoirs à l'ombre de laquelle tous jouissent de la justice. C'est pourquoi il est nécessaire de s'engager à établir dans nos sociétés le concept de la *pleine citoyenneté* et à renoncer à l'usage discriminatoire du terme *minorités*, qui porte avec lui les germes du sentiment d'isolement et de l'infériorité ; il prépare le terrain aux hostilités et à la discorde et prive certains citoyens des conquêtes et des droits religieux et civils, en les discriminant ».[112]

132. Au-delà des différentes actions indispensables, les États ne peuvent pas trouver tout seuls des solutions adéquates « car les conséquences des choix de chacun retombent inévitablement sur la Communauté internationale tout entière ». Par conséquent, « les réponses pourront être seulement le fruit d'un travail commun »,[113] en

[111] Cf. *Message pour la 104e Journée Mondiale du Migrant et du Réfugié* (14 janvier 2018) : *L'Osservatore Romano*, éd. en langue française (24 août 2017), p. 6.

[112] *Document sur la fraternité humaine pour la paix mondiale et la coexistence commune*, Abou Dabi (4 février 2019) : *L'Osservatore Romano*, éd. en langue française (12 février), p. 12.

[113] *Discours au Corps diplomatique accrédité près le Saint-Siège* (11 janvier 2016) : *L'Osservatore Romano*, éd. en langue française (14 janvier 2016), p. 10.

élaborant une législation (*gouvernance*) globale pour les migrations. De toute façon, « il convient d'établir des projets à moyen et à long terme qui aillent plus loin que la réponse d'urgence. Ceux-ci devraient d'un côté aider effectivement l'intégration des migrants dans les pays d'accueil, et en même temps favoriser le développement des pays de provenance par des politiques solidaires, mais qui ne soumettent pas les aides à des stratégies et à des pratiques idéologiquement étrangères ou contraires aux cultures des peuples auxquels elles s'adressent ».[114]

Les dons réciproques

133. L'arrivée de personnes différentes, provenant d'un autre contexte de vie et de culture, devient un don, parce que « les histoires des migrants sont aussi des histoires de rencontre entre personnes et cultures : pour les communautés et les sociétés d'accueil, ils représentent une opportunité d'enrichissement et de développement humain intégral de tous ».[115] C'est pourquoi « je demande en particulier aux jeunes de ne pas se laisser enrôler dans les réseaux de ceux qui veulent les opposer à d'autres jeunes qui arrivent dans leurs pays, en les présentant comme des êtres dangereux et comme s'ils n'étaient pas

[114] *Ibid.*, pp. 9.10.

[115] Exhort. ap. post-syn. *Christus vivit* (25 mars 2019), n. 93.

dotés de la même dignité inaliénable propre à chaque être humain ».[116]

134. D'autre part, lorsqu'on accueille l'autre de tout cœur, on lui permet d'être lui-même tout en lui offrant la possibilité d'un nouveau développement. Les cultures différentes, qui ont développé leur richesse au cours des siècles, doivent être préservées afin que le monde ne soit pas appauvri. Il faut cependant les stimuler à faire jaillir quelque chose de nouveau dans la rencontre avec d'autres réalités. On ne peut pas ignorer le risque de se retrouver victime d'une sclérose culturelle. Voilà pourquoi « nous avons besoin de communiquer, de découvrir les richesses de chacun, de valoriser ce qui nous unit et de regarder les différences comme des possibilités de croissance dans le respect de tous. Un dialogue patient et confiant est nécessaire, en sorte que les personnes, les familles et les communautés puissent transmettre les valeurs de leur propre culture et accueillir le bien provenant de l'expérience des autres ».[117]

135. Je reprends des exemples que j'ai donnés il y a quelque temps : la culture des latinos est « un ferment de valeurs et de possibilités qui peut faire beaucoup de bien aux États Unis. [...] Une forte immigration finit toujours par marquer et

[116] *Ibid.*, n. 94.

[117] *Discours aux autorités*, Sarajevo –Bosnie-Herzégovine (6 juin 2015) : *L'Osservatore Romano*, éd. en langue française (11 juin 2015), p. 4.

transformer la culture locale. En Argentine, la forte immigration italienne a marqué la culture de la société, et parmi les traits culturels de Buenos Aires la présence d'environ deux cent mille Juifs prend un relief important. Les migrants, si on les aide à s'intégrer, sont une bénédiction, une richesse et un don qui invitent une société à grandir ».[118]

136. En élargissant le regard, le Grand Imam Ahmad Al-Tayyeb et moi-même avons rappelé que « la relation entre Occident et Orient est une indiscutable et réciproque nécessité, qui ne peut pas être substituée ni non plus délaissée, afin que tous les deux puissent s'enrichir réciproquement de la civilisation de l'autre, par l'échange et le dialogue des cultures. L'Occident pourrait trouver dans la civilisation de l'Orient des remèdes pour certaines de ses maladies spirituelles et religieuses causées par la domination du matérialisme. Et l'Orient pourrait trouver dans la civilisation de l'Occident beaucoup d'éléments qui pourraient l'aider à se sauver de la faiblesse, de la division, du conflit et du déclin scientifique, technique et culturel. Il est important de prêter attention aux différences religieuses, culturelles et historiques qui sont une composante essentielle dans la formation de la personnalité, de la culture et de la civilisation orientale; et il est important de consolider les droits humains généraux et communs,

[118] *Latinoamérica, Conversaciones con Herrán Reyes Alcaide,* éd. Planeta, Buenos Aires (2017), p. 105.

pour contribuer à garantir une vie digne pour tous les hommes en Orient et en Occident, en évitant l'usage de la politique de la double mesure ».[119]

L'échange fécond

137. Les apports mutuels entre les pays, en réalité, finissent par profiter à tous. Un pays qui progresse à partir de son substrat culturel original est un trésor pour l'humanité tout entière. Il faut développer cette conscience qu'aujourd'hui ou bien nous nous sauvons tous ou bien personne ne se sauve. La pauvreté, la décadence, les souffrances, où que ce soit dans le monde, sont un terreau silencieux pour les problèmes qui finiront par affecter toute la planète. Si la disparition de certaines espèces nous préoccupe, nous devrions nous inquiéter du fait qu'il y a partout des personnes et des peuples qui n'exploitent pas leur potentiel ni leur beauté, à cause de la pauvreté ou d'autres limites structurelles, car cela finit par nous appauvrir tous.

138. Si cela a toujours été vrai, aujourd'hui ce l'est plus que jamais, en raison de la réalité d'un monde très connecté par la globalisation. Nous avons besoin d'un ordre juridique, politique et économique mondial « susceptible d'accroître et

[119] *Document sur la fraternité humaine pour la paix mondiale et la coexistence commune*, Abou Dabi (4 février 2019) : *L'Osservatore Romano*, éd. en langue française (12 février), p. 12.

d'orienter la collaboration internationale vers le développement solidaire de tous les peuples ».[120] Cela profitera finalement à la planète entière parce que « l'aide au développement des pays pauvres » entraîne la « création de richesse pour tous ».[121] Du point de vue du développement intégral, cela suppose qu'il faut également accorder « aux nations les plus pauvres une voix opérante dans les décisions communes »[122] et qu'on s'efforce « de favoriser l'accès au marché international de la part des pays marqués par la pauvreté et le sous-développement ».[123]

Une gratuité qui accueille

139. Cependant, je ne voudrais pas limiter cette approche à un genre d'utilitarisme. La gratuité existe. C'est la capacité de faire certaines choses uniquement parce qu'elles sont bonnes en elles-mêmes, sans attendre aucun résultat positif, sans attendre immédiatement quelque chose en retour. Cela permet d'accueillir l'étranger même si, pour le moment, il n'apporte aucun bénéfice tangible. Mais certains pays souhaitent n'accueillir que les chercheurs ou les investisseurs.

[120] Benoît XVI, Lettre enc. *Caritas in veritate* (29 juin 2009), n. 67 : *AAS* 101 (2009), p. 700.

[121] *Ibid.*, n. 60, *AAS* 101 (2009), p. 695.

[122] *Ibid.*, n. 67, *AAS* 101 (2009), p. 700.

[123] Conseil Pontifical Justice et Paix, *Compendium de la doctrine sociale de l'Église*, n. 447.

140. Celui qui ne vit pas la gratuité fraternelle fait de son existence un commerce anxieux ; il est toujours en train de mesurer ce qu'il donne et ce qu'il reçoit en échange. Dieu, en revanche, donne gratuitement au point d'aider même ceux qui ne sont pas fidèles, et « il fait lever son soleil sur les méchants et sur les bons » (*Mt* 5, 45). Ce n'est pas pour rien que Jésus recommande : « Pour toi, quand tu fais l'aumône, que ta main gauche ignore ce que fait ta main droite, afin que ton aumône soit secrète » (*Mt* 6, 3-4). Nous avons reçu la vie gratuitement, nous n'avons pas payé pour l'avoir. Alors nous pouvons tous donner sans rien attendre en retour, faire du bien sans exiger autant de cette personne qu'on aide. C'est ce que Jésus disait à ses disciples : « Vous avez reçu gratuitement, donnez gratuitement » (*Mt* 10, 8).

141. La vraie qualité des différents pays du monde se mesure par cette capacité de penser non seulement comme pays mais aussi comme famille humaine, et cela se prouve particulièrement dans les moments critiques. Les nationalismes fondés sur le repli sur soi traduisent en définitive cette incapacité de gratuité, l'erreur de croire qu'on peut se développer à côté de la ruine des autres et qu'en se fermant aux autres on est mieux protégé. Le migrant est vu comme un usurpateur qui n'offre rien. Ainsi, on arrive à penser naïvement que les pauvres sont dangereux ou inutiles et que les puissants sont de généreux bienfaiteurs. Seule une culture sociale et

politique, qui prend en compte l'accueil gratuit, pourra avoir de l'avenir.

Local et universel

142. Il convient de rappeler qu'« entre la globalisation et la localisation se produit aussi une tension. Il faut prêter attention à la dimension globale pour ne pas tomber dans une mesquinerie quotidienne. En même temps, il ne faut pas perdre de vue ce qui est local, ce qui nous fait marcher les pieds sur terre. L'union des deux empêche de tomber dans l'un de ces deux extrêmes : l'un, que les citoyens vivent dans un universalisme abstrait et globalisant. […] L'autre, qu'ils se transforment en un musée folklorique d'ermites renfermés, condamnés à répéter toujours les mêmes choses, incapables de se laisser interpeller par ce qui est différent, d'apprécier la beauté que Dieu répand hors de leurs frontières ».[124] Il faut considérer ce qui est global, qui nous préserve de l'esprit de clocher. Lorsque la maison n'est plus un foyer, mais une prison, un cachot, ce qui est global nous sauve parce qu'il est comme la cause finale qui nous conduit vers la plénitude. En même temps, il faut avec soin prendre en compte ce qui est local, parce qu'il a quelque chose que ne possède pas ce qui est global : le fait d'être la levure, d'enrichir, de mettre en marche les mécanismes de subsidiarité. Par conséquent, la fra-

[124] Exhort. ap. *Evangelii gaudium* (24 novembre 2013), n. 234 : *AAS* 105 (2013), p. 1115.

ternité universelle et l'amitié sociale constituent partout deux pôles inséparables et coessentiels. Les séparer entraîne une déformation et une polarisation préjudiciables.

La saveur locale

143. La solution ne réside pas dans une ouverture qui renonce à son trésor propre. Tout comme il n'est pas de dialogue avec l'autre sans une identité personnelle, de même il n'y a d'ouverture entre les peuples qu'à partir de l'amour de sa terre, de son peuple, de ses traits culturels. Je ne rencontre pas l'autre si je ne possède pas un substrat dans lequel je suis ancré et enraciné, car c'est de là que je peux accueillir le don de l'autre et lui offrir quelque chose d'authentique. Il n'est possible d'accueillir celui qui est différent et de recevoir son apport original que dans la mesure où je suis ancré dans mon peuple, avec sa culture. Chacun aime et prend soin de sa terre avec une attention particulière et se soucie de son pays, tout comme chacun doit aimer et prendre soin de sa maison pour qu'elle ne s'écroule pas, car les voisins ne le feront pas. Le bien de l'univers exige également que chacun protège et aime sa propre terre. Autrement, les conséquences du désastre d'un pays finiront par affecter la planète tout entière. Cela se fonde sur le sens positif du droit de propriété : je protège et je cultive quelque chose que je possède, de telle sorte que cela puisse être une contribution au bien de tous.

144. En outre, il s'agit d'un présupposé pour des échanges sains et enrichissants. L'arrière-plan de l'expérience de la vie dans un milieu et une culture déterminés est ce qui permet à quelqu'un de percevoir des aspects de la réalité, alors que ceux qui n'ont pas cette expérience sont incapables de les saisir avec la même facilité. L'universel ne doit pas être l'empire homogène, uniforme et standardisé d'une forme culturelle dominante unique qui finalement fera perdre au polyèdre ses couleurs et aboutira à la lassitude. C'est la tentation exprimée dans le récit antique de la tour de Babel : la construction d'une tour qui puisse atteindre le ciel n'exprimait pas l'unité entre les différents peuples à même de communiquer à partir de leur diversité. C'était plutôt une tentative malavisée, née de l'orgueil et de l'ambition, de créer une unité différente de celle voulue par Dieu dans son plan providentiel pour les nations (cf. *Gn* 11, 1-9).

145. Il y a une fausse ouverture à l'universel procédant de la superficialité vide de celui qui n'est pas capable de pénétrer à fond les réalités de sa patrie, ou bien de celui qui nourrit un ressentiment qu'il n'a pas surmonté envers son peuple. Dans tous les cas, « il faut toujours élargir le regard pour reconnaître un bien plus grand qui sera bénéfique à tous. Mais il convient de le faire sans s'évader, sans se déraciner. Il est nécessaire d'enfoncer ses racines dans la terre fertile et dans l'histoire de son propre lieu, qui est un don de

Dieu. On travaille sur ce qui est petit, avec ce qui est proche, mais dans une perspective plus large. […] Ce n'est ni la sphère globale, qui annihile, ni la partialité isolée, qui rend stérile »,[125] c'est le polyèdre où, en même temps que chacun est respecté dans sa valeur, « le tout est plus que la partie, et plus aussi que la simple somme de celles-ci ».[126]

L'horizon universel

146. Les narcissismes, obsédés par le particularisme local, ne sont pas un amour sain de son peuple et de sa culture. Ils cachent un esprit étriqué qui, à cause d'une certaine insécurité et par peur de l'autre, préfère créer des remparts pour se protéger. Or il n'est pas possible d'être local de manière saine sans une ouverture sincère et avenante à l'universel, sans se laisser interpeler par ce qui se passe ailleurs, sans se laisser enrichir par d'autres cultures ou sans se solidariser avec les drames des autres peuples. Ce particularisme local se recroqueville d'une manière obsessive sur quelques idées, coutumes et sécurités, incapable d'admiration devant la multitude de possibilités et de beautés que le monde tout entier offre, et dépourvu d'une solidarité authentique et généreuse. Ainsi, la vie locale n'est plus authentiquement réceptive, elle ne se laisse plus compléter par l'autre ; elle est par conséquent limitée quant

[125] *Ibid.*, n. 235, *AAS* 105 (2013), p. 1115.
[126] *Ibid.*

à ses possibilités de développement, devient statique et dépérit. Car au fond toute culture saine est ouverte et accueillante par nature, de telle sorte qu'« une culture sans valeurs universelles n'est pas une vraie culture ».[127]

147. Reconnaissons que, moins une personne a une ouverture d'esprit et de cœur, moins elle pourra interpréter la réalité environnante dans laquelle elle se trouve. Sans relation et sans contraste avec celui qui est différent, il est difficile de se comprendre de façon claire et complète soi-même ainsi que son propre pays, puisque les autres cultures ne sont pas des ennemis contre lesquels il faudrait se protéger, mais des reflets divers de la richesse inépuisable de la vie humaine. En se regardant soi-même par rapport au point de référence de l'autre, de celui qui est différent, chacun peut mieux reconnaître les particularités de sa personne et de sa culture : leurs richesses, leurs possibilités et leurs limites. L'expérience qui se réalise à un endroit doit être développée "en contraste" et "en syntonie" avec les expériences des autres qui vivent dans des contextes culturels distincts.[128]

148. En réalité, une ouverture saine ne porte jamais atteinte à l'identité. Car en s'enrichissant

[127] St. Jean-Paul II, *Discours aux représentants du monde de la culture argentine*, Buenos Aires - Argentine (12 avril 1987), n. 4 : *L'Osservatore Romano*, éd. en langue italienne (14 avril 1987), p. 7.

[128] Cf. Id., *Discours aux Cardinaux* (21 décembre 1984), n. 4 : *AAS* 76 (1984), p. 506.

avec des éléments venus d'ailleurs, une culture vivante ne copie pas ou ne reçoit pas simplement mais intègre les nouveautés "à sa façon". Cela donne naissance à une nouvelle synthèse qui profite finalement à tous, parce que la culture d'où proviennent ces apports finit par être alimentée en retour. C'est pourquoi j'ai exhorté les peuples autochtones à prendre soin de leurs racines et de leurs cultures ancestrales, mais j'ai tenu à clarifier que « mon intention n'est [...] pas de proposer un indigénisme complètement fermé, anhistorique, figé, qui se refuserait à toute forme de métissage », puisque « la propre identité culturelle s'approfondit et s'enrichit dans le dialogue avec les différences, et le moyen authentique de la conserver n'est pas un isolement qui appauvrit ».[129] Le monde croît et se remplit d'une beauté nouvelle grâce à des synthèses successives qui se créent entre des cultures ouvertes, en dehors de toute imposition culturelle.

149. Pour stimuler une saine relation entre l'amour de la patrie et l'intégration cordiale dans l'humanité vue dans sa totalité, il est bon de rappeler que la communauté mondiale n'est pas le résultat de la somme des pays distincts, mais la communion même qui existe entre eux, l'inclusion mutuelle qui est antérieure à l'apparition de tout groupe particulier. Chaque groupe humain s'intègre dans ce réseau de communion univer-

[129] Exhort. ap. post-syn. *Querida Amazonia* (2 février 2020), n. 37.

selle qui trouve là sa beauté. De ce fait, chaque personne qui naît dans un contexte déterminé sait qu'elle appartient à une famille plus grande sans laquelle il est impossible de se comprendre pleinement.

150. Cette approche suppose en définitive qu'on accepte sans réserve qu'aucun peuple, tout comme aucune culture ou personne, ne peut tout obtenir de lui-même. Les autres sont constitutivement nécessaires pour la construction d'une vie épanouie. La conscience d'avoir des limites ou de n'être pas parfait, loin de constituer une menace, devient l'élément-clé pour rêver et élaborer un projet commun. Car « l'homme est tout autant l'être-frontière qui n'a pas de frontière ».[130]

À partir de la région de chacun

151. Grâce à l'échange régional par lequel les pays les plus faibles s'ouvrent au monde entier, l'universalité peut préserver les particularités. Une ouverture adéquate et authentique au monde suppose la capacité de s'ouvrir au prochain, dans une famille des nations. L'intégration culturelle, économique et politique avec les peuples voisins devrait être accompagnée d'un processus éducatif qui promeuve la valeur de l'amour du prochain, premier exercice indispensable pour obtenir une intégration universelle saine.

[130] GEORG SIMMEL, *Pont et porte*, in : *La tragédie de la culture*, éd. Rivages, Paris (1988), p. 166.

152. Dans certains quartiers populaires, où chacun ressent spontanément le devoir d'accompagner et d'aider le voisin, survit encore l'esprit de "voisinage". Dans ces endroits qui préservent ces valeurs communautaires, on entretient des relations de proximité caractérisées par la gratuité, la solidarité et la réciprocité, à partir du sens d'un "nous" de quartier.[131] Puisse cela se vivre également entre les pays voisins, afin qu'ils soient capables de construire des relations cordiales de voisinage entre leurs peuples ! Mais les visions individualistes se manifestent dans les relations entre pays. Le danger de vivre en se méfiant les uns des autres, en considérant les autres comme de dangereux concurrents ou ennemis, en vient à affecter les relations entre les peuples d'une même région. Peut-être avons-nous été éduqués dans cette peur et dans cette méfiance !

153. Certaines nations puissantes et de grandes entreprises profitent de cet isolement et préfèrent négocier avec chaque pays séparément. En revanche, pour les pays petits ou pauvres s'ouvre la possibilité de conclure avec leurs voisins des accords régionaux qui leur permettent de négocier en bloc et d'éviter de devenir des segments marginaux et dépendants des grandes puissances. Aujourd'hui aucun État national isolé n'est en mesure d'assurer le bien commun de sa population.

[131] Cf. Jaime Hoyos-Vásquez, S. J., Lógica de las relaciones sociales. Reflexión onto-lógica in : *Revista Universitas Philosophica* 15-16, Bogota (décembre 1990 - juin 1991), pp. 95-106.

CINQUIÈME CHAPITRE

LA MEILLEURE POLITIQUE

154. Une meilleure politique, mise au service du vrai bien commun, est nécessaire pour permettre le développement d'une communauté mondiale, capable de réaliser la fraternité à partir des peuples et des nations qui vivent l'amitié sociale. Au contraire, malheureusement, la politique prend souvent aujourd'hui des formes qui entravent la marche vers un monde différent.

Populismes et libéralismes

155. Le mépris des faibles peut se cacher sous des formes populistes, qui les utilisent de façon démagogique à leurs fins, ou sous des formes libérales au service des intérêts économiques des puissants. Dans les deux cas, on perçoit des difficultés à penser un monde ouvert où il y ait de la place pour tout le monde, qui intègre les plus faibles et qui respecte les différentes cultures.

Populaire ou populiste

156. Au cours des dernières années, le terme "populisme" ou "populiste" a envahi les médias et le langage en général. Il perd ainsi la valeur qu'il pourrait avoir et devient l'une des polarités

de la société divisée, à telle enseigne qu'on prétend classer toutes les personnes, les groupes, les sociétés et les gouvernements à partir d'une division binaire : "populiste" ou "non populiste". Il n'est plus possible qu'une personne exprime son opinion sur un thème sans qu'on essaye de la classer dans l'un des deux camps, parfois pour la discréditer injustement ou pour l'exalter à l'excès.

157. La prétention d'établir le populisme comme une grille de lecture de la réalité sociale a une autre faiblesse : elle ignore la légitimité de la notion de peuple. La tentative de faire disparaître du langage cette catégorie pourrait conduire à éliminer le terme même de "démocratie" – c'est-à-dire le "gouvernement du peuple" –. Même si on ne veut pas affirmer que la société est plus que la simple somme des individus, on a besoin du vocable "peuple". La réalité, c'est qu'il y a des phénomènes sociaux qui structurent les majorités, qu'il existe des mégatendances et des prospections communautaires. On peut également penser aux objectifs communs, au-delà des différences, pour façonner un projet commun. Enfin, il est très difficile de projeter quelque chose de grand à long terme si cela ne devient pas un rêve collectif. Tout cela est exprimé par le substantif "peuple" et par l'adjectif "populaire". S'ils n'étaient pas pris en compte – avec une critique solide de la démagogie –, on laisserait de côté un aspect fondamental de la réalité sociale.

158. Il existe, en effet, un malentendu : « Peuple n'est pas une catégorie logique, ni une catégorie mystique, si nous le comprenons dans le sens où tout ce que le peuple fait est bon, ou bien dans le sens où le peuple est une catégorie angélique. Il s'agit d'une catégorie mythique [...]. Lorsque vous expliquez ce qu'est un peuple, vous utilisez des catégories logiques parce que vous devez l'expliquer : vraiment, c'est nécessaire. Mais vous n'expliquez pas le sens d'appartenance à un peuple. Le terme peuple a quelque chose de plus qu'on ne peut pas expliquer de manière logique. Faire partie d'un peuple, c'est faire partie d'une identité commune faite de liens sociaux et culturels. Et cela n'est pas quelque chose d'automatique, tout au contraire : c'est un processus lent, difficile...vers un projet commun ».[132]

159. Il y a des dirigeants populaires capables d'interpréter le sentiment d'un peuple, sa dynamique culturelle et les grandes tendances d'une société. La fonction qu'ils exercent, en rassemblant et en dirigeant, peut servir de base pour un projet durable de transformation et de croissance qui implique aussi la capacité d'accorder une place à d'autres en vue du bien commun. Mais elle se mue en un populisme malsain lorsqu'elle

[132] Antonio Spadaro, S.J., *Las huellas de un pastor. Una conversación con el Papa Francisco,* in : Jorge Mario Bergoglio – Papa Francisco, *En tus ojos está mi palabra. Homilías y discursos de Buenos Aires (1999-2013)*, Publicaciones Claretianas, Madrid (2017), pp. 24-25 ; cf. Exhort. ap. *Evangelii gaudium* (24 novembre 2013), nn. 220-221 : *AAS* 105 (2013), pp. 1110-1111.

devient l'habileté d'un individu à captiver afin d'instrumentaliser politiquement la culture du peuple, grâce à quelque symbole idéologique, au service de son projet personnel et de son maintien au pouvoir. Parfois, on cherche à gagner en popularité en exacerbant les penchants les plus bas et égoïstes de certains secteurs de la population. Cela peut s'aggraver en devenant, sous des formes grossières ou subtiles, un asservissement des institutions et des lois.

160. Les groupes populistes fermés défigurent le terme "peuple", puisqu'en réalité ce dont il parle n'est pas le vrai peuple. En effet, la catégorie de "peuple" est ouverte. Un peuple vivant, dynamique et ayant un avenir est ouvert de façon permanente à de nouvelles synthèses intégrant celui qui est différent. Il ne le fait pas en se reniant lui-même, mais en étant disposé au changement, à la remise en question, au développement, à l'enrichissement par d'autres ; et ainsi, il peut évoluer.

161. Un autre signe de la dégradation du leadership populaire, c'est l'immédiateté. On répond à des exigences populaires afin de garantir des voix ou une approbation, mais sans progresser dans une tâche ardue et constante qui offre aux personnes les ressources pour leur développement, afin qu'elles puissent gagner leur vie par leur effort et leur créativité. Dans ce sens, j'ai clairement affirmé qu'est « loin de moi la propo-

sition d'un populisme irresponsable ».[133] D'une part, vaincre les inégalités suppose le développement économique, en exploitant les possibilités de chaque région et en assurant ainsi une équité durable.[134] D'autre part, « les plans d'assistance qui font face à certaines urgences devraient être considérés seulement comme des réponses provisoires ».[135]

162. La grande question, c'est le travail. Ce qui est réellement populaire – parce qu'il contribue au bien du peuple –, c'est d'assurer à chacun la possibilité de faire germer les semences que Dieu a mises en lui, ses capacités, son sens d'initiative, ses forces. C'est la meilleure aide que l'on puisse apporter à un pauvre, c'est le meilleur chemin vers une existence digne. C'est pourquoi j'insiste sur le fait qu'« aider les pauvres avec de l'argent doit toujours être une solution provisoire pour affronter des urgences. Le grand objectif devrait toujours être de leur permettre d'avoir une vie digne par le travail ».[136] Les mécanismes de production ont beau changer, la politique ne peut pas renoncer à l'objectif de faire en sorte que l'organisation d'une société assure à chacun quelque moyen d'apporter sa contribution et ses efforts. En effet, « il n'existe pas pire pauvreté

[133] Exhort. ap. *Evangelii gaudium* (24 novembre 2013), n. 204 : *AAS* 105 (2013), p. 1106.

[134] Cf. *Ibid.*, *AAS* 105 (2013), pp. 1105-1106.

[135] *Ibid.*, n. 202, *AAS* 105 (2013), p. 1105.

[136] Lettre enc. *Laudato si'* (24 mai 2015), n. 128 : *AAS* 107 (2015), p. 898.

que celle qui prive du travail et de la dignité du travail ».[137] Dans une société réellement développée, le travail est une dimension inaliénable de la vie sociale, car il n'est pas seulement un moyen de gagner sa vie, mais aussi une voie pour l'épanouissement personnel, en vue d'établir des relations saines, de se réaliser, de partager des dons, de se sentir coresponsable de l'amélioration du monde et en définitive de vivre comme peuple.

Valeurs et limites des visions libérales

163. La catégorie de peuple, qui intègre une valorisation positive des liens communautaires et culturels, est généralement rejetée par les visions libérales individualistes où la société est considérée comme une simple somme d'intérêts qui coexistent. Elles parlent de respect des libertés, mais sans la racine d'une histoire commune. Dans certains contextes, il est fréquent de voir traiter de populistes tous ceux qui défendent les droits des plus faibles de la société. Pour ces visions, la catégorie de peuple est une mythification de quelque chose qui, en réalité, n'existe pas. Toutefois, il se crée ici une polarisation inutile, car ni l'idée de peuple ni celle de prochain ne sont des catégories purement mythiques ou romantiques

[137] *Discours au Corps diplomatique accrédité près le Saint-Siège* (12 janvier 2015) : *L'Osservatore Romano,* éd. en langue française (15 janvier 2015), p. 8 ; cf. *Discours aux participants à la rencontre mondiale des mouvements populaires* (28 octobre 2014) : *L'Osservatore Romano,* éd. en langue française (6 novembre 2014), p. 5.

qui excluent ou méprisent l'organisation sociale, la science et les institutions de la société civile.[138]

164. La charité réunit les deux dimensions – mythique et institutionnelle – puisqu'elle implique un processus efficace de transformation de l'histoire qui exige que tout soit intégré : notamment les institutions, le droit, la technique, l'expérience, les apports professionnels, l'analyse scientifique, les procédures administratives. En effet, « il n'y a [...] de vie privée que protégée par un ordre public ; le foyer n'a d'intimité qu'à l'abri d'une légalité, d'un état de tranquillité fondé sur la loi et sur la force et sous la condition d'un bien-être minimum assuré par la division du travail, les échanges commerciaux, la justice sociale, la citoyenneté politique ».[139]

165. La vraie charité est capable d'intégrer tout cela dans son déploiement et doit se manifester dans la rencontre interpersonnelle ; elle est aussi capable d'atteindre un frère ou une sœur éloignés, voire ignorés, à travers les différentes ressources que les institutions d'une société organisée, libre et créative sont en mesure de créer. Si nous prenons ce cas, même le bon Samaritain a eu besoin de l'existence d'une auberge qui lui a permis de résoudre ce que, tout seul, en ce moment-là,

[138] On pourrait dire autant de la catégorie biblique de "Royaume de Dieu".

[139] Paul Ricœur, *Histoire et vérité*, éd. du Seuil, Paris (1967), p. 122.

il n'était pas en mesure d'assurer. L'amour du prochain est réaliste et ne dilapide rien qui soit nécessaire pour changer le cours de l'histoire en faveur des pauvres. Autrement, des idéologies de gauche ou des pensées sociales en viennent quelquefois à côtoyer des habitudes individualistes et des façons de faire inefficaces qui ne profitent qu'à une petite minorité. Dans le même temps, la multitude de ceux qui sont abandonnés reste à la merci du bon vouloir éventuel de quelques-uns. Cela révèle qu'il est nécessaire de promouvoir non seulement une mystique de la fraternité mais aussi une organisation mondiale plus efficace pour aider à résoudre les problèmes pressants des personnes abandonnées qui souffrent et meurent dans les pays pauvres. Vice-versa, cela implique qu'il n'y a pas qu'une seule sortie possible, une méthodologie acceptable unique, une recette économique qui peut être appliquée uniformément pour tous, et cela suppose que même la science la plus rigoureuse peut proposer des voies différentes.

166. Tout cela serait précaire si nous perdions la capacité de percevoir la nécessité d'un changement dans les cœurs humains, dans les habitudes et dans les modes de vie. C'est ce qui se produit lorsque la propagande politique, les médias et les faiseurs d'opinion publique persistent à encourager une culture individualiste et naïve face aux intérêts économiques effrénés et à l'organisation des sociétés au service de ceux qui ont déjà trop

de pouvoir. Voilà pourquoi ma critique du paradigme technocratique n'implique pas que nous pourrions nous trouver en sécurité en essayant uniquement de contrôler ses travers. Car le plus grand danger ne réside pas dans les choses, dans les réalités matérielles, dans les organisations, mais dans la manière dont les personnes les utilisent. Le problème, c'est la fragilité humaine, la tendance constante à l'égoïsme de la part de l'homme qui fait partie de ce que la tradition chrétienne appelle "concupiscence" : le penchant de l'être humain à s'enfermer dans l'immanence de son moi, de son groupe, de ses intérêts mesquins. Cette concupiscence n'est pas un défaut de notre temps. Elle existe depuis que l'homme est homme et simplement se transforme, prend des formes différentes à chaque époque ; et, somme toute, elle utilise les instruments que le moment historique met à sa disposition. Mais il est possible de la dominer avec l'aide de Dieu.

167. Le travail d'éducation, le développement des habitudes solidaires, la capacité de penser la vie humaine plus intégralement et la profondeur spirituelle sont nécessaires pour assurer la qualité des relations humaines, de telle manière que ce soit la société elle-même qui réagisse face à ses inégalités, à ses déviations, aux abus des pouvoirs économiques, technologiques, politiques ou médiatiques. Certaines visions libérales ignorent ce facteur de la fragilité humaine et imaginent un monde obéissant à un ordre déterminé qui, à lui

seul, pourrait garantir l'avenir et la résolution de tous les problèmes.

168. Le marché à lui seul ne résout pas tout, même si, une fois encore, l'on veut nous faire croire à ce dogme de foi néolibéral. Il s'agit là d'une pensée pauvre, répétitive, qui propose toujours les mêmes recettes face à tous les défis qui se présentent. Le néolibéralisme ne fait que se reproduire lui-même, en recourant aux notions magiques de "ruissellement" ou de "retombées" – sans les nommer – comme les seuls moyens de résoudre les problèmes sociaux. Il ne se rend pas compte que le prétendu ruissellement ne résorbe pas l'inégalité, qu'il est la source de nouvelles formes de violence qui menacent le tissu social. D'une part, une politique économique active visant à « promouvoir une économie qui favorise la diversité productive et la créativité entrepreneuriale »[140] s'impose, pour qu'il soit possible d'augmenter les emplois au lieu de les réduire. La spéculation financière, qui poursuit comme objectif principal le gain facile, continue de faire des ravages. D'autre part, « sans formes internes de solidarité et de confiance réciproque, le marché ne peut pleinement remplir sa fonction économique. Aujourd'hui, c'est cette confiance qui fait défaut »[141]. Le résultat final n'a pas corres-

[140] Lettre enc. *Laudato si'* (24 mai 2015), n. 129 : *AAS* 107 (2015), p. 899.

[141] Benoît XVI, Lettre enc. *Caritas in veritate* (29 juin 2009), n. 35 : *AAS* 101 (2009), p. 670.

pondu aux prévisions et les recettes dogmatiques de la théorie économique dominante ont montré qu'elles n'étaient pas infaillibles. La fragilité des systèmes mondiaux face aux pandémies a mis en évidence que tout ne se résout pas avec la liberté de marché et que, outre la réhabilitation d'une politique saine qui ne soit pas soumise au diktat des finances, il faut « replacer au centre la dignité humaine et, sur ce pilier, doivent être construites les structures sociales alternatives dont nous avons besoin ».[142]

169. Dans certaines visions économiques étriquées et monochromatiques, il ne semble pas y avoir de place, par exemple, pour les mouvements populaires rassemblant des chômeurs, des travailleurs précaires et informels ainsi que beaucoup d'autres personnes qui n'entrent pas facilement dans les grilles préétablies. En réalité, elles génèrent plusieurs formes d'économie populaire et de production communautaire. Il faut penser à la participation sociale, politique et économique de telle manière « qu'elle [inclue] les mouvements populaires et anime les structures de gouvernement locales, nationales et internationales, avec le torrent d'énergie morale qui naît de la participation des exclus à la construction d'un avenir commun ». Et en même temps, il convient de travailler à ce

[142] *Discours aux participants à la rencontre mondiale des mouvements populaires* (28 octobre 2014) : *L'Osservatore Romano*, éd. en langue française (6 novembre 2014), p. 6.

que « ces mouvements, ces expériences de solidarité qui grandissent du bas, du sous-sol de la planète, confluent, soient davantage coordonnées, se rencontrent ».[143] Mais sans trahir leurs caractéristiques, parce que ce « sont des semeurs de changement, des promoteurs d'un processus dans lequel convergent des millions de petites et grandes actions liées de façon créative, comme dans une poésie ».[144] En ce sens, les "poètes sociaux" sont ceux qui travaillent, qui proposent, qui promeuvent et qui libèrent à leur manière. Grâce à eux, un développement humain intégral sera possible, qui implique que soit dépassée « cette idée de politiques sociales conçues comme une politique *vers* les pauvres, mais jamais *avec* les pauvres, jamais *des* pauvres, et encore moins insérée dans un projet réunissant les peuples ».[145] Bien qu'ils dérangent, bien que quelques "penseurs" ne sachent pas comment les classer, il faut avoir le courage de reconnaître que, sans eux, « la démocratie s'atrophie, devient un nominalisme, une formalité, perd de sa représentativité, se désincarne car elle laisse le peuple en dehors, dans sa lutte quotidienne pour la dignité, dans la construction de son destin ».[146]

[143] *Ibid.*

[144] *Discours aux participants à la rencontre mondiale des mouvements populaires* (5 novembre 2016) : *L'Osservatore Romano*, éd. en langue française (17 novembre 2016), p. 8.

[145] *Ibid.*, p. 10.

[146] *Ibid.*

170. Je me permets de répéter que « la crise financière de 2007-2008 était une occasion pour le développement d'une nouvelle économie plus attentive aux principes éthiques, et pour une nouvelle régulation de l'activité financière spéculative et de la richesse fictive. Mais il n'y a pas eu de réaction qui aurait conduit à repenser les critères obsolètes qui continuent à régir le monde ».[147] Pire, les réelles stratégies, développées ultérieurement dans le monde, semblent avoir visé plus d'individualisme, plus de désintégration, plus de liberté pour les vrais puissants qui trouvent toujours la manière de s'en sortir indemnes.

171. Je voudrais souligner que « donner à chacun ce qui lui revient, en suivant la définition classique de la justice, signifie qu'aucun individu ou groupe humain ne peut se considérer tout-puissant, autorisé à passer par-dessus la dignité et les droits des autres personnes physiques ou de leurs regroupements sociaux. La distribution de fait du pouvoir – surtout politique, économique, de défense, technologique – entre une pluralité de sujets ainsi que la création d'un système juridique de régulation des prétentions et des intérêts, concrétise la limitation du pouvoir. Le panorama mondial aujourd'hui nous présente, cependant, beaucoup de faux droits, et – à la fois – de grands

[147] Lettre enc. *Laudato si'* (24 mai 2015), n. 189 : *AAS* 107 (2015), p. 922.

secteurs démunis, victimes plutôt d'un mauvais exercice du pouvoir ».[148]

172. Le XXIe siècle « est le théâtre d'un affaiblissement du pouvoir des États nationaux, surtout parce que la dimension économique et financière, de caractère transnational, tend à prédominer sur la politique. Dans ce contexte, la maturation d'institutions internationales devient indispensable, qui doivent être plus fortes et efficacement organisées, avec des autorités désignées équitablement par accord entre les gouvernements nationaux, et dotées de pouvoir pour sanctionner ».[149] Lorsqu'on parle de la possibilité d'une forme d'autorité mondiale régulée par le droit,[150] il ne faut pas nécessairement penser à une autorité personnelle. Toutefois, on devrait au moins inclure la création d'organisations mondiales plus efficaces, dotées d'autorité pour assurer le bien commun mondial, l'éradication de la faim et de la misère ainsi qu'une réelle défense des droits humains fondamentaux.

173. Dans ce sens, je rappelle qu'il faut une réforme « de l'Organisation des Nations Unies comme celle de l'architecture économique et

[148] *Discours à l'Organisation des Nations Unies*, New York (25 septembre 2015) : *L'Osservatore Romano*, éd. en langue française (1er octobre 2015), p. 16.

[149] Lettre enc. *Laudato si'* (24 mai 2015), n. 175 : *AAS* 107 (2015), pp. 916-917.

[150] Cf. Benoît XVI, Lett. enc. *Caritas in veritate* (29 juin 2009), n. 67 : *AAS* 101 (2009), pp. 700-701.

financière internationale en vue de donner une réalité concrète au concept de famille des Nations ».[151] Sans doute cela suppose des limites juridiques précises pour éviter que cette autorité ne soit cooptée par quelques pays et en même temps pour empêcher des impositions culturelles ou la violation des libertés fondamentales des nations les plus faibles à cause de différences idéologiques. En effet, « la Communauté Internationale est une communauté juridique fondée sur la souveraineté de chaque État membre, sans liens de subordination qui nient ou limitent son indépendance ».[152] Mais « le travail des Nations Unies, à partir des postulats du Préambule et des premiers articles de sa Charte constitutionnelle, peut être considéré comme le développement et la promotion de la primauté du droit, étant entendu que la justice est une condition indispensable pour atteindre l'idéal de la fraternité universelle. [...] Il faut assurer l'incontestable état de droit et le recours inlassable à la négociation, aux bons offices et à l'arbitrage, comme proposé par la *Charte des Nations Unies*, vraie norme juridique fondamentale ».[153] Il est à éviter que cette Organisation soit délégitimée, parce que ses problèmes ou ses insuffisances peuvent être affrontés ou résolus dans la concertation.

[151] *Ibid.*, *AAS* 101 (2009), p. 700.

[152] Conseil Pontifical Justice et Paix, *Compendium de la doctrine sociale de l'Église*, n. 434.

[153] *Discours à l'Organisation des Nations Unies*, New York (25 septembre 2015) : *L'Osservatore Romano*, éd. en langue française (1er octobre 2015), pp. 15-16.

174. Il faut du courage et de la générosité pour établir librement certains objectifs communs et assurer le respect dans le monde entier de certaines normes fondamentales. Afin que cela soit réellement utile, on doit observer « l'exigence de respecter les engagements souscrits – *pacta sunt servanda* – »,[154] de telle sorte qu'on évite « la tentation de recourir au droit de la force plutôt qu'à la force du droit ».[155] Cela exige une consolidation des « instruments normatifs pour la solution pacifique des controverses [qui] doivent être repensés de façon à renforcer leur portée et leur caractère obligatoire ».[156] Parmi ces instruments juridiques, les accords multilatéraux entre les États doivent avoir une place de choix, car ils garantissent, mieux que les accords bilatéraux, la sauvegarde d'un bien commun réellement universel et la protection des États les plus faibles.

175. Grâce à Dieu, beaucoup de regroupements et d'organisations de la société civile aident à pallier les faiblesses de la Communauté Internationale, son manque de coordination dans des situations complexes, son manque de vigilance en ce qui concerne les droits humains fondamentaux et les situations très critiques de certains groupes. Ainsi, le principe de subsidiarité devient une réa-

[154] Conseil Pontifical Justice et Paix, *Compendium de la doctrine sociale de l'Église*, n. 437.

[155] St. Jean-Paul II, *Message pour la 37e Journée Mondiale de la Paix 1er janvier 2004*, n. 5 : *AAS* 96 (204), p. 117.

[156] Conseil Pontifical Justice et Paix, *Compendium de la doctrine sociale de l'Église*, n. 439.

lité concrète garantissant la participation et l'action des communautés et des organisations de rang inférieur qui complètent l'action de l'État. Très souvent, elles accomplissent des efforts admirables en pensant au bien commun ; et certains de leurs membres arrivent à réaliser des gestes vraiment héroïques qui révèlent la beauté dont notre humanité est encore capable.

Une charité sociale et politique

176. Pour beaucoup de personnes, la politique est aujourd'hui un vilain mot et on ne peut pas ignorer qu'à la base de ce fait, il y a souvent les erreurs, la corruption, l'inefficacité de certains hommes politiques. À cela s'ajoutent les stratégies qui cherchent à affaiblir la politique, à la remplacer par l'économie ou la soumettre à quelque idéologie. Mais le monde peut-il fonctionner sans la politique ? Peut-il y avoir un chemin approprié vers la fraternité universelle et la paix sociale sans une bonne politique ?[157]

La politique appropriée

177. Je me permets d'insister à nouveau sur le fait que « la politique ne doit pas se soumettre à l'économie et celle-ci ne doit pas se soumettre aux diktats ni au paradigme d'efficacité de la

[157] Cf. Commission sociale des Évêques de France, Déclaration *Réhabiliter la politique* (17 février 1999).

technocratie ».[158] Même s'il faut rejeter le mauvais usage du pouvoir, la corruption, la violation des lois et l'inefficacité, « on ne peut pas justifier une économie sans politique, qui serait incapable de promouvoir une autre logique qui régisse les divers aspects de la crise actuelle ».[159] Tout au contraire, « nous avons besoin d'une politique aux vues larges, qui suive une approche globale en intégrant dans un dialogue interdisciplinaire les divers aspects de la crise ».[160] Je pense à « une saine politique, capable de réformer les institutions, de les coordonner et de les doter de meilleures pratiques qui permettent de vaincre les pressions et les inerties vicieuses ».[161] On ne peut pas demander cela à l'économie, ni accepter qu'elle s'empare du pouvoir réel de l'État.

178. Face à tant de formes mesquines de politique et à courte vue, je rappelle que « la grandeur politique se révèle quand, dans les moments difficiles, on œuvre pour les grands principes et en pensant au bien commun à long terme. Il est très difficile pour le pouvoir politique d'assumer ce devoir dans un projet de Nation »[162] et encore davantage dans un projet commun pour l'humanité présente et future. Penser à ceux qui viendront ne sert pas aux objectifs électoraux, mais c'est

[158] Lettre enc. *Laudato si'* (24 mai 2015), n. 189 : *AAS* 107 (2015), p. 922.

[159] *Ibid.*, n. 196 : *AAS* 107 (2015), p. 925.

[160] *Ibid.*, n. 197 : *AAS* 107 (2015), p. 925.

[161] *Ibid.*, n. 181 : *AAS* 107 (2015), p. 919.

[162] *Ibid.*, n. 178 : *AAS* 107 (2015), p. 918.

ce qu'une justice authentique exige, parce que, comme l'ont enseigné les Évêques du Portugal, la terre « est un prêt que chaque génération reçoit et doit transmettre à la génération suivante ».[163]

179. Sur le plan mondial, la société a de sérieux défauts structurels qu'on ne résout pas avec des rapiècements ou des solutions rapides, purement occasionnelles. Certaines choses sont à changer grâce à des révisions de fond et des transformations importantes. Seule une politique saine sera à même de les conduire, en engageant les secteurs les plus divers et les connaissances les plus variées. De cette manière, une économie intégrée dans un projet politique, social, culturel et populaire visant le bien commun peut « ouvrir le chemin à différentes opportunités qui n'impliquent pas d'arrêter la créativité de l'homme et son rêve de progrès, mais d'orienter cette énergie vers des voies nouvelles ».[164]

L'amour politique

180. Reconnaître chaque être humain comme un frère ou une sœur et chercher une amitié sociale qui intègre tout le monde ne sont pas de simples utopies. Cela exige la décision et la capa-

[163] Conférence Épiscopale Portugaise, Lettre pastorale *Responsabilidade solidária pelo bem comum* (15 septembre 2003), p. 20 ; cf. Lettre enc. *Laudato si',* n. 159 : *AAS* 107 (2015), p. 911.

[164] Lettre enc. *Laudato si'* (24 mai 2015), n. 191 : *AAS* 107 (2015), p. 923.

cité de trouver les voies efficaces qui les rendent réellement possibles. Tout engagement dans ce sens devient un exercice suprême de la charité. En effet, un individu peut aider une personne dans le besoin, mais lorsqu'il s'associe à d'autres pour créer des processus sociaux de fraternité et de justice pour tous, il entre dans « le champ de la plus grande charité, la charité politique ».[165] Il s'agit de progresser vers un ordre social et politique dont l'âme sera la charité sociale.[166] Une fois de plus, j'appelle à réhabiliter la politique qui « est une vocation très noble, elle est une des formes les plus précieuses de la charité, parce qu'elle cherche le bien commun ».[167]

181. Tous les engagements qui naissent de la doctrine sociale de l'Église « sont imprégnés de l'amour qui, selon l'enseignement du Christ, est la synthèse de toute la Loi (cf. *Mt* 22, 36-40) ».[168] Cela suppose qu'on reconnaisse que « l'amour, fait de petits gestes d'attention mutuelle, est aussi civil et politique, et il se manifeste dans toutes les actions qui essaient de

[165] Pie XI, *Discours à la* Fédération Universitaire Catholique Italienne (18 décembre 1927) : *L'Osservatore Romano,* éd. en langue italienne (23 décembre 1927), p. 3.

[166] Cf. Id., Lettre enc. *Quadragesimo anno* (15 mai 1931), n. 88 : *AAS* 23 (1931), pp. 206-207.

[167] Exhort. ap. *Evangelii gaudium* (24 novembre 2013), n. 205 : *AAS* 105 (2013), p. 1106.

[168] Benoît XVI, Lettre enc. *Caritas in veritate* (29 juin 2009), n. 2 : *AAS* 101 (2009), p. 642.

construire un monde meilleur ».[169] Voilà pourquoi l'amour s'exprime non seulement dans des relations d'intimité et de proximité, mais aussi dans « des macro-relations : rapports sociaux, économiques, politiques ».[170]

182. Cette charité politique suppose qu'on ait développé un sentiment social qui dépasse toute mentalité individualiste : « La charité sociale nous fait aimer le bien commun et conduit à chercher effectivement le bien de toutes les personnes, considérées non seulement individuellement, mais aussi dans la dimension sociale qui les unit ».[171] Chacun n'est pleinement une personne qu'en appartenant à un peuple, et en même temps, il n'y a pas de vrai peuple sans le respect du visage de chaque personne. Peuple et personne sont des termes qui s'appellent. Cependant, on prétend aujourd'hui réduire les personnes aux individus, facilement dominés par des pouvoirs en quête d'intérêts fallacieux. La bonne politique cherche des voies de construction de communautés aux différents niveaux de la vie sociale, afin de rééquilibrer et de réorienter la globalisation pour éviter ses effets de désagrégation.

[169] Lettre enc. *Laudato si'* (24 mai 2015), n. 231 : *AAS* 107 (2015), p. 937.

[170] Benoît XVI, Lettre enc. *Caritas in veritate* (29 juin 2009), n. 2 : *AAS* 101 (2009), p. 642.

[171] Conseil Pontifical Justice et Paix, *Compendium de la doctrine sociale de l'Église*, n. 207.

183. Grâce à l'« amour social »[172], il est possible de progresser vers une civilisation de l'amour à laquelle nous pouvons nous sentir tous appelés. La charité, par son dynamisme universel, peut construire un monde nouveau,[173] parce qu'elle n'est pas un sentiment stérile mais la meilleure manière d'atteindre des chemins efficaces de développement pour tous. L'amour social est une « force capable de susciter de nouvelles voies pour affronter les problèmes du monde d'aujourd'hui et pour renouveler profondément de l'intérieur les structures, les organisations sociales, les normes juridiques ».[174]

184. La charité est au cœur de toute vie sociale saine et ouverte. Cependant, aujourd'hui, « il n'est pas rare qu'elle soit déclarée incapable d'interpréter et d'orienter les responsabilités morales ».[175] Elle est bien plus qu'un sentimentalisme subjectif si elle est unie à l'engagement envers la vérité, de sorte qu'elle ne soit pas « la proie des émotions et de l'opinion contingente des êtres humains ».[176] Précisément, sa relation avec la vé-

[172] St. Jean-Paul II, Lettre enc. *Redemptor hominis* (4 mars 1979), n. 15 : *AAS* 71 (1979), p. 288.

[173] Cf. St. Paul VI, Lettre enc. *Populorum progressio* (26 mars 1967), n. 44 : *AAS* 59 (1967), p. 279.

[174] Conseil Pontifical Justice et Paix, *Compendium de la doctrine sociale de l'Église*, n. 207.

[175] Benoît XVI, Lettre enc. *Caritas in veritate* (29 juin 2009), n. 2 : *AAS* 101 (2009), p. 642.

[176] *Ibid.*, n. 3 : *AAS* 101 (2009), p. 643.

rité permet à la charité d'être universelle et lui évite ainsi d'être « reléguée dans un espace restreint et relationnellement appauvri ».[177] Autrement, « dans le dialogue entre les connaissances et leur mise en œuvre, elle [sera] exclue des projets et des processus de construction d'un développement humain d'envergure universelle ».[178] Sans la vérité, l'émotivité est privée de contenus relationnels et sociaux. C'est pourquoi l'ouverture à la vérité protège la charité d'une fausse foi dénuée de « souffle humain et universel ».[179]

185. La charité a besoin de la lumière de la vérité que nous cherchons constamment et « cette lumière est, en même temps, celle de la raison et de la foi »,[180] sans relativisme. Cela suppose aussi le développement des sciences et leur contribution irremplaçable pour trouver les voies concrètes et les plus sûres en vue d'obtenir les résultats espérés. En effet, lorsque le bien des autres est en jeu, les bonnes intentions ne suffisent pas, mais il faut effectivement accomplir ce dont ils ont besoin, ainsi que leurs nations, pour se réaliser.

L'activité de l'amour politique

186. Il y a un amour dit "élicite" qui consiste dans les actes procédant directement de la vertu

[177] *Ibid.*, n. 4 : *AAS* 101 (2009), p. 643.
[178] *Ibid.*
[179] *Ibid.*, n. 3 : *AAS* 101 (2009), p. 643.
[180] *Ibid*, *AAS* 101 (2009), p. 642.

de charité envers les personnes et les peuples. Il y a également un amour "impéré" : ces actes de charité qui poussent à créer des institutions plus saines, des réglementations plus justes, des structures plus solidaires.[181] Ainsi, « l'engagement tendant à organiser et à structurer la société de façon à ce que le prochain n'ait pas à se trouver dans la misère est un acte de charité tout aussi indispensable ».[182] C'est de la charité que d'accompagner une personne qui souffre, et c'est également charité tout ce qu'on réalise, même sans être directement en contact avec cette personne, pour changer les conditions sociales qui sont à la base de sa souffrance. Si quelqu'un aide une personne âgée à traverser une rivière, et c'est de la charité exquise, le dirigeant politique lui construit un pont, et c'est aussi de la charité. Si quelqu'un aide les autres en leur donnant de la nourriture, l'homme politique crée pour lui un poste de travail et il exerce un genre très élevé de charité qui ennoblit son action politique.

La sollicitude de l'amour

187. Cette charité, cœur de l'esprit de la politique, est toujours un amour préférentiel pour

[181] La doctrine morale catholique, en suivant l'enseignement de saint Thomas d'Aquin, fait une distinction entre l'acte "élicite" et l'acte "impéré" ; cf. *Summa Theologiae*, II-II, q, 184 ; Marcellino Zalba, S.J., *Theologiae moralis summa. Theologia moralis fundamentalis. Tractatus de virtutibus theologicis*, ed. BAC, Madrid 1952, vol. 1, 69 ; Antonio Royo Marín, O.P., *Teología de la Perfección cristiana*, éd. BAC, Madrid (1962), 192-196.

[182] Conseil Pontifical Justice et Paix, *Compendium de la doctrine sociale de l'Église*, n. 208.

les derniers qui anime secrètement toutes les actions en leur faveur.[183] Ce n'est qu'avec un regard dont l'horizon est transformé par la charité, le conduisant à percevoir la dignité de l'autre, que les pauvres sont découverts et valorisés dans leur immense dignité, respectés dans leur mode de vie et leur culture, et par conséquent vraiment intégrés dans la société. Ce regard est le cœur de l'esprit authentique de la politique. À partir de là, les voies qui s'ouvrent sont différentes de celles d'un pragmatisme sans âme. Par exemple, « on ne peut affronter le scandale de la pauvreté en promouvant des stratégies de contrôle qui ne font que tranquilliser et transformer les pauvres en des êtres apprivoisés et inoffensifs. Qu'il est triste de voir que, derrière de présumées œuvres altruistes, on réduit l'autre à la passivité » ![184] Il faut qu'il y ait différents modes d'expression et de participation sociale. L'éducation est au service de cette voie pour que chaque être humain puisse être artisan de son destin. Le principe de *subsidiarité* révèle ici sa valeur, inséparable du principe de *solidarité.*

188. Cela crée l'urgence de résoudre toutes les questions qui portent atteinte aux droits hu-

[183] Cf. St. Jean-Paul II, Lettre enc. *Sollicitudo rei socialis* (30 décembre 1987), n. 42 : *AAS* 80 (1988), pp. 572-574 ; Id., Lettre enc. *Centesimus annus* (1er mai 1991), n. 11 : *AAS* 83 (1991), pp. 806-807.

[184] *Discours aux participants à la rencontre mondiale des mouvements populaires* (28 octobre 2014) : *L'Osservatore Romano*, éd. en langue française (6 novembre 2014), p. 4.

mains fondamentaux. Les hommes politiques sont appelés à « prendre soin de la fragilité, de la fragilité des peuples et des personnes. Prendre soin de la fragilité veut dire force et tendresse, lutte et fécondité, au milieu d'un modèle fonctionnaliste et privatisé qui conduit inexorablement à la "culture du déchet". [... Cela] signifie prendre en charge la personne présente dans sa situation la plus marginale et angoissante et être capable de l'oindre de dignité ».[185] On crée ainsi, bien entendu, une activité intense, car « tout doit [...] être fait pour sauvegarder le statut et la dignité de la personne humaine ».[186] Le dirigeant politique est un homme d'action, un constructeur porteur de grands objectifs, doté d'une vision large, réaliste et pragmatique, qui va même au-delà de son propre pays. Les préoccupations majeures d'un homme politique ne devraient pas être celles causées par une chute dans les sondages, mais par le fait de ne pas résoudre effectivement « le phénomène de l'exclusion sociale et économique, avec ses tristes conséquences de traites d'êtres humains, de commerce d'organes et de tissus humains, d'exploitation sexuelle d'enfants, de travail d'esclave – y compris la prostitution –, de trafic de drogues et d'armes, de terrorisme et de crime interna-

[185] *Discours au Parlement européen*, Strasbourg (25 novembre 2014) : *L'Osservatore Romano*, éd. en langue française (27 novembre 2014), p. 10.

[186] *Discours à la classe dirigeante et au Corps diplomatique,* Bangui - République Centrafricaine (29 novembre 2015) : *L'Osservatore Romano*, éd. en langue française (3 décembre 2015), p. 17.

tional organisé. L'ampleur de ces situations et le nombre de vies innocentes qu'elles sacrifient sont tels que nous devons éviter toute tentation de tomber dans un nominalisme de déclarations à effet tranquillisant sur les consciences. Nous devons veiller à ce que nos institutions soient réellement efficaces dans la lutte contre tous ces fléaux ».[187] On le fait en se servant intelligemment des moyens importants offerts par le progrès technologique.

189. Nous sommes encore loin d'une mondialisation des droits humains les plus fondamentaux. C'est pourquoi la politique mondiale ne peut se passer de classer l'éradication efficace de la faim parmi ses objectifs primordiaux et impérieux. En effet, « lorsque la spéculation financière conditionne le prix des aliments, en les traitant comme une marchandise quelconque, des millions de personnes souffrent et meurent de faim. De l'autre côté, on jette des tonnes de nourriture. Cela est un véritable scandale. La faim est un crime. L'alimentation est un droit inaliénable ».[188] Souvent plongés dans des discussions sémantiques ou idéologiques, nous permettons qu'il y ait encore aujourd'hui des frères et des sœurs qui meurent de faim ou de soif, sans un toit ou sans

[187] *Discours à l'Organisation des Nations Unies*, New York (25 septembre 2015) : *L'Osservatore Romano*, éd. en langue française (1er octobre 2015), p. 17.

[188] *Discours aux participants à la rencontre mondiale des mouvements populaires* (28 octobre 2014) : *L'Osservatore Romano*, éd. en langue française (6 novembre 2014), p. 4.

accès aux soins de santé. Outre ces besoins élémentaires non satisfaits, la traite des personnes est une autre honte pour l'humanité, que la politique internationale ne devrait pas continuer à tolérer, au-delà des discours et des bonnes intentions. Ils constituent un minimum urgent.

Amour qui intègre et rassemble

190. La charité politique s'exprime aussi par l'ouverture à tous les hommes. Principalement, celui qui a la charge de gouverner est appelé à des renoncements permettant la rencontre ; et il recherche la convergence, au moins sur certaines questions. Il sait écouter le point de vue de l'autre, faisant en sorte que tout le monde ait de l'espace. Par des renoncements et de la patience, un gouvernant peut aider à créer ce magnifique polyèdre où tout le monde trouve une place. En cela, les négociations de nature économique ne fonctionnent pas. C'est quelque chose de plus ; il s'agit d'un échange de dons en faveur du bien commun. Cela semble une utopie naïve, mais nous ne pouvons pas renoncer à cet objectif très noble.

191. Alors que nous voyons toutes sortes d'intolérances fondamentalistes détériorer les relations entre les personnes, les groupes et les peuples, vivons et enseignons la valeur du respect, l'amour capable d'assumer toute différence, la priorité de la dignité de tout être humain sur ses idées, ses sentiments, ses pratiques, voire sur

ses péchés, quels qu'ils soient ! Pendant que, dans la société actuelle, les fanatismes, les logiques de repli sur soi ainsi que la fragmentation sociale et culturelle prolifèrent, un bon responsable politique fait le premier pas pour que les différentes voix se fassent entendre. Certes, les différences créent des conflits, mais l'uniformité génère l'asphyxie et fait que nous nous étouffons culturellement. Ne nous résignons pas à vivre enfermés dans un fragment de la réalité !

192. Dans ce contexte, je voudrais rappeler que le Grand Imam Ahmad Al-Tayyeb et moi-même avons demandé « aux artisans de la politique internationale et de l'économie mondiale, de s'engager sérieusement pour répandre la culture de la tolérance, de la coexistence et de la paix ; d'intervenir, dès que possible, pour arrêter l'effusion de sang innocent ».[189] Et lorsqu'une politique donnée sème la haine ou la peur envers d'autres nations au nom du bien d'un pays, il faut s'alarmer, réagir à temps et changer immédiatement de cap.

Plus de fécondité que de succès

193. En même temps qu'il exerce inlassablement cette activité, tout homme politique est aussi un être humain. Il est appelé à vivre l'amour

[189] *Document sur la fraternité humaine pour la paix mondiale et la coexistence commune*, Abou Dabi (4 février 2019) : *L'Osservatore Romano,* éd. en langue française (12 février 2019), p. 10.

dans ses relations interpersonnelles quotidiennes. Il est une personne et il lui faut se rendre compte que « le monde moderne tend de plus en plus à rationaliser la satisfaction des besoins humains qui ont été étiquetés et répartis entre des services divers. De moins en moins on appelle un homme par son nom propre, de moins en moins il sera traité comme une personne, cet être unique au monde, qui a un cœur, ses souffrances à lui, ses problèmes, ses joies, et une famille qui n'est pas celle des autres. On connaîtra seulement ses maladies pour les soigner, ses manques d'argent pour y pourvoir, sa nécessité d'un toit pour le loger, ses besoins de détente de loisirs pour les organiser ». Mais « ce n'est pas perdre son temps que d'aimer le plus petit des hommes comme un frère, comme s'il était seul au monde ».[190]

194. En politique il est aussi possible d'aimer avec tendresse. « Qu'est-ce que la tendresse ? C'est l'amour qui se fait proche et se concrétise. C'est un mouvement qui part du cœur et arrive aux yeux, aux oreilles, aux mains. […] La tendresse est le chemin à suivre par les femmes et les hommes les plus forts et les plus courageux ».[191] Dans l'activité politique, « les plus petits, les plus faibles, les plus pauvres doivent susciter notre

[190] René Voillaume, *Frères de tous*, éd. du Cerf, Paris (1968), pp. 12-13.

[191] *Message vidéo à la conférence TED 2017 de Vancouver* (26 avril 2017) : *L'Osservatore Romano,* éd. en langue française (11 mai 2017), p. 4.

tendresse. Ils ont le droit de prendre possession de notre âme, de notre cœur. Oui, ils sont nos frères et nous devons les traiter comme tels ».[192]

195. Cela nous aide à reconnaître qu'il ne s'agit pas toujours d'obtenir de grands succès, qui parfois sont impossibles. Dans l'activité politique, il faut se rappeler qu'« au-delà de toute apparence, chaque être est infiniment sacré et mérite notre affection et notre dévouement. C'est pourquoi, si je réussis à aider une seule personne à vivre mieux, cela justifie déjà le don de ma vie. C'est beau d'être un peuple fidèle de Dieu. Et nous atteignons la plénitude quand nous brisons les murs, pour que notre cœur se remplisse de visages et de noms ! ».[193] Les grands objectifs rêvés dans les stratégies ne sont que partiellement atteints. Mais au-delà, celui qui aime et qui a cessé de comprendre la politique comme une simple recherche de pouvoir « est sûr qu'aucune de ses œuvres faites avec amour ne sera perdue, ni aucune de ses préoccupations sincères pour les autres, ni aucun de ses actes d'amour envers Dieu, ni aucune fatigue généreuse, ni aucune patience douloureuse. Tout cela envahit le monde, comme une force de vie ».[194]

[192] *Audience générale* (18 février 2015) : *L'Osservatore Romano*, éd. en langue française (19 février 2015) p. 2.

[193] Exhort. ap. *Evangelii gaudium* (24 novembre 2013), n. 274 : *AAS* 105 (2013), p. 1130.

[194] *Ibid.*, n. 279 : *AAS* 105 (2013), p. 1132.

196. D'autre part, il y a une grande noblesse dans le fait d'être capable d'initier des processus dont les fruits seront recueillis par d'autres, en mettant son espérance dans les forces secrètes du bien qui est semé. La bonne politique unit l'amour, l'espérance, la confiance dans les réserves de bien qui se trouvent dans le cœur du peuple, en dépit de tout. C'est pourquoi « la vie politique authentique, qui se fonde sur le droit et sur un dialogue loyal entre les personnes, se renouvelle avec la conviction que chaque femme, chaque homme et chaque génération portent en eux une promesse qui peut libérer de nouvelles énergies relationnelles, intellectuelles, culturelles et spirituelles ».[195]

197. Ainsi vue, la politique est plus noble que ce qui paraît, que le marketing, que les différentes formes de maquillage médiatique. Tout ce que ces choses arrivent à semer, c'est la division, l'inimitié et un scepticisme désolant, incapable de susciter un projet commun. En pensant à l'avenir, certains jours, les questions devraient être : "À quelle fin ? Quel est l'objectif que je vise réellement ?" En effet, dans quelques années, en réfléchissant sur le passé, la question ne sera pas : "Combien de personnes m'ont approuvé ? Combien de personnes ont voté pour moi ? Combien de personnes ont eu une image

[195] *Message pour la 52e Journée Mondiale de la Paix 1er janvier 2019* (8 décembre 2018) : *L'Osservatore Romano,* éd. en langue française (18-25 décembre 2018), p. 11.

positive de moi ?". Les questions, peut-être douloureuses, seront plutôt : "Quel amour ai-je mis dans le travail ? En quoi ai-je fait progresser le peuple ? Quelle marque ai-je laissée dans la vie de la société, quels liens réels ai-je construits, quelles forces positives ai-je libérées, quelle paix sociale ai-je semée, qu'ai-je réalisé au poste qui m'a été confié ?"

SIXIÈME CHAPITRE

DIALOGUE ET AMITIÉ SOCIALE

198. Se rapprocher, s'exprimer, s'écouter, se regarder, se connaître, essayer de se comprendre, chercher des points de contact, tout cela se résume dans le verbe "dialoguer". Pour nous rencontrer et nous entraider, nous avons besoin de dialoguer. Il est inutile de dire à quoi sert le dialogue. Il suffit d'imaginer ce que serait le monde sans ce dialogue patient de tant de personnes généreuses qui ont maintenu unies familles et communautés. Le dialogue persévérant et courageux ne fait pas la une comme les désaccords et les conflits, mais il aide discrètement le monde à mieux vivre, beaucoup plus que nous ne pouvons imaginer.

Le dialogue social pour une nouvelle culture

199. Certains essaient de fuir la réalité en se réfugiant dans leurs mondes à part, d'autres l'affrontent en se servant de la violence destructrice. Cependant, « entre l'indifférence égoïste et la protestation violente il y a une option toujours possible : le dialogue. Le dialogue entre les générations, le dialogue dans le peuple, car tous nous sommes peuple, la capacité de donner et de recevoir, en demeurant ouverts à la vérité. Un pays grandit quand dialoguent de façon constructive

ses diverses richesses culturelles : la culture populaire, la culture universitaire, la culture des jeunes, la culture artistique et technologique, la culture économique et la culture de la famille, et la culture des médias ».[196]

200. On confond en général le dialogue avec quelque chose de très différent : un échange fébrile d'opinions sur les réseaux sociaux, très souvent orienté par des informations provenant de médias pas toujours fiables. Ce ne sont que des monologues parallèles qui s'imposent peut-être à l'attention des autres plutôt en raison de leurs tons élevés et agressifs. Mais les monologues n'engagent personne, au point que leurs contenus sont souvent opportunistes et contradictoires.

201. Souvent, la diffusion retentissante de faits et de plaintes dans les médias tend en réalité à entraver les possibilités de dialogue, parce qu'elle permet à chacun de garder, intangibles et sans nuances, ses idées, ses intérêts et ses opinions, avec, pour excuse, les erreurs des autres. L'habitude de disqualifier instantanément l'adversaire en lui appliquant des termes humiliants prévaut, en lieu et place d'un dialogue ouvert et respectueux visant une synthèse supérieure. Le pire, c'est que ce langage, habituel dans le contexte médiatique d'une campagne politique, s'est gé-

[196] *Discours lors de la rencontre avec la classe dirigeante*, Théâtre municipal de Rio de Janeiro - Brésil (27 juillet 2013) : *L'Osservatore Romano,* éd. en langue française (1er août 2013), p. 14.

néralisé de telle sorte que tout le monde l'utilise quotidiennement. Le débat est souvent manipulé par certains intérêts qui ont un pouvoir plus grand et qui cherchent malhonnêtement à faire pencher l'opinion publique en leur faveur. Je ne pense pas seulement à un gouvernement en fonction, car ce pouvoir manipulateur peut être économique, politique, médiatique, religieux ou de tout autre genre. Parfois, on justifie cette pratique, ou on l'excuse, quand sa dynamique répond à des intérêts économiques ou idéologiques, mais, tôt ou tard, cela se retourne contre ces mêmes intérêts.

202. Le manque de dialogue implique que personne, dans les différents secteurs, ne se soucie de promouvoir le bien commun ; mais chacun veut obtenir des avantages que donne le pouvoir, ou, dans le meilleur des cas, imposer une façon de penser. Les dialogues deviennent ainsi de simples négociations pour que chacun puisse conquérir la totalité du pouvoir et le plus de profit possible, en dehors d'une quête commune générant le bien commun. Les héros de l'avenir seront ceux qui sauront rompre cette logique malsaine et décideront de défendre avec respect un langage chargé de vérité, au-delà des avantages personnels. Plaise à Dieu que ces héros soient en gestation dans le silence au cœur de nos sociétés !

Construire en commun

203. Le dialogue social authentique suppose la capacité de respecter le point de vue de l'autre en

acceptant la possibilité qu'il contienne quelque conviction ou intérêt légitime. De par son identité, l'autre a quelque chose à apporter. Et il est souhaitable qu'il approfondisse ou expose son point de vue pour que le débat public soit encore plus complet. Certes, lorsqu'une personne ou un groupe est cohérent avec ce qu'il pense, adhère fermement à des valeurs ainsi qu'à des convictions et développe une pensée, ceci profitera d'une manière ou d'une autre à la société. Mais cela ne s'accomplit que dans la mesure où le processus en question se réalise dans le dialogue et dans un esprit d'ouverture aux autres. En effet, « dans un esprit vrai de dialogue, la capacité de comprendre le sens de ce que l'autre dit et fait se nourrit, bien qu'on ne puisse pas l'assumer comme sa propre conviction. Il devient ainsi possible d'être sincère, de ne pas dissimuler ce que nous croyons, sans cesser de dialoguer, de chercher des points de contact, et surtout de travailler et de lutter ensemble ».[197] La discussion publique, si elle accorde véritablement de l'espace à chacun et ne manipule ni ne cache l'information, est un tremplin permanent qui permet de mieux atteindre la vérité, ou du moins, de mieux l'exprimer. Elle empêche les divers groupes de s'accrocher avec assurance et autosuffisance à leur conception de la réalité et à leurs intérêts limités. Soyons persuadés que « les différences

[197] Exhort. ap. post-syn. *Querida Amazonia* (2 février 2020), n. 108.

sont créatrices, elles créent des tensions et dans la résolution d'une tension se trouve le progrès de l'humanité » ![198]

204. La conviction existe aujourd'hui que, outre les développements scientifiques spécialisés, la communication entre disciplines s'impose étant donné que la réalité est une, même si elle peut être abordée selon des approches différentes et avec diverses méthodologies. On ne doit pas éluder le risque qu'une avancée scientifique soit considérée comme l'unique approche possible pour saisir tous les aspects de la vie, de la société et du monde. En revanche, un chercheur, qui avance avec efficacité dans ses analyses et qui est également disposé à reconnaître d'autres dimensions de la réalité qu'il étudie, parvient à connaître la réalité de manière plus intégrale et plus complète grâce au travail d'autres sciences et savoirs.

205. En ce monde globalisé « les médias peuvent contribuer à nous faire sentir plus proches les uns des autres ; à nous faire percevoir un sens renouvelé de l'unité de la famille humaine, qui pousse à la solidarité et à l'engagement sérieux pour une vie plus digne [pour tous…] Les médias peuvent nous aider dans ce domaine, surtout aujourd'hui, alors que les réseaux de communication humaine ont atteint une évolution extraordinaire. En particulier, internet peut offrir

[198] Du film *Le Pape François – Un homme de parole. L'espérance est un message universel,* de Wim Wenders (2018).

plus de possibilités de rencontre et de solidarité entre tous, et c'est une bonne chose, c'est un don de Dieu ».[199] Mais il est nécessaire de s'assurer constamment que les formes de communication actuelles nous orientent effectivement vers une rencontre généreuse, vers la recherche sincère de la vérité intégrale, le service des pauvres, la proximité avec eux, vers la tâche de construction du bien commun. En même temps, comme l'ont enseigné les évêques d'Australie, « nous ne pouvons pas accepter un monde numérique conçu pour exploiter notre faiblesse et faire émerger ce qu'il y a de pire chez les personnes ».[200]

Le fondement des consensus

206. Le relativisme n'est pas une solution. Sous le couvert d'une prétendue tolérance, il finit par permettre que les valeurs morales soient interprétées par les puissants selon les convenances du moment. En définitive, « s'il n'existe pas de vérités objectives ni de principes solides hors de la réalisation de projets personnels et de la satisfaction de nécessités immédiates […], nous ne pouvons pas penser que les projets politiques et la force de la loi seront suffisants […]. Lorsque la culture se corrompt et qu'on ne reconnaît plus

[199] *Message pour la 48e Journée Mondiale des Communications Sociales* (24 janvier 2014) : *L'Osservatore Romano,* éd. en langue française (30 janvier 2014), p. 4.

[200] Conférence des Évêques Catholiques d'Australie, Département de la Justice Sociale, *Making it real : genuine human encounter in our digital world* (novembre 2019), p. 5.

aucune vérité objective ni de principes universellement valables, les lois sont comprises uniquement comme des impositions arbitraires et comme des obstacles à contourner ».[201]

207. Est-il possible de prêter attention à la vérité, de rechercher la vérité qui correspond à notre réalité la plus profonde ? Qu'est-ce que la loi sans la conviction, acquise après un long cheminement de réflexion et de sagesse, que tout être humain est sacré et inviolable ? Pour qu'une société ait un avenir, il lui faut cultiver le sens du respect en ce qui concerne la vérité de la dignité humaine à laquelle nous nous soumettons. Par conséquent, on n'évitera pas de tuer quelqu'un uniquement pour éluder la réprimande de la société et le poids de la loi, mais par conviction. C'est une vérité incontournable que nous reconnaissons par la raison et que nous acceptons par la conscience. Une société est noble et respectable aussi par son sens de quête de la vérité et son attachement aux vérités les plus fondamentales.

208. Il faut s'exercer à démasquer les divers genres de manipulation, de déformation et de dissimulation de la vérité, dans les domaines publics et privés. Ce que nous appelons "vérité", ce n'est pas seulement la diffusion de faits par la presse. C'est avant tout la recherche des fondements les plus solides de nos options ainsi que

[201] Lettre enc. *Laudato si'* (24 mai 2015), n. 123 : *AAS* 107 (2015), p. 896.

de nos lois. Cela suppose qu'on admette que l'intelligence humaine puisse aller au-delà des convenances du moment et saisir certaines vérités qui ne changent pas, qui étaient vraies avant nous et le seront toujours. En explorant la nature humaine, la raison découvre des valeurs qui sont universelles parce qu'elles en dérivent.

209. Autrement, ne pourrait-il pas arriver que les droits humains élémentaires, considérés aujourd'hui comme inaliénables, soient niés par les puissants du moment avec le "consentement" d'une population endormie et intimidée ? Un simple consensus entre les différents peuples, qui peuvent aussi être manipulés, ne serait pas non plus suffisant. Les preuves abondent sur tout le bien que nous sommes en mesure d'accomplir, mais en même temps, nous devons reconnaître la capacité de destruction qui nous habite. L'individualisme indifférent et impitoyable dans lequel nous sommes tombés n'est-il pas aussi le résultat de la paresse à rechercher les valeurs les plus élevées qui sont au-dessus des besoins de circonstance ? S'ajoute au relativisme le risque que le puissant ou le plus rusé finisse par imposer une prétendue vérité. Par contre, « par rapport aux normes morales qui interdisent le mal intrinsèque, il n'y a de privilège ni d'exception pour personne. Que l'on soit le maître du monde ou le dernier des misérables sur la face de la terre, cela ne fait

aucune différence : devant les exigences morales, nous sommes tous absolument égaux ».[202]

210. Ce qui nous arrive aujourd'hui et qui nous entraîne dans une logique perverse et vide, c'est qu'il se produit une assimilation de l'éthique et de la politique à la physique. Le bien et le mal en soi n'existent pas, mais seulement un calcul d'avantages et de désavantages. Ce glissement de la raison morale a pour conséquence que le droit ne peut pas se référer à une conception essentielle de la justice mais qu'il devient le reflet des idées dominantes. Nous entrons là dans une dégradation : avancer "en nivelant par le bas" au moyen d'un consensus superficiel et négocié. Ainsi triomphe en définitive la logique de la force.

Le consensus et la vérité

211. Dans une société pluraliste, le dialogue est le chemin le plus adéquat pour parvenir à reconnaître ce qui doit toujours être affirmé et respecté, au-delà du consensus de circonstance. Nous parlons d'un dialogue qui a besoin d'être enrichi et éclairé par des justifications, des arguments rationnels, des perspectives différentes, par des apports provenant de divers savoirs et points de vue, un dialogue qui n'exclut pas la conviction qu'il est possible de parvenir à certaines vérités élémentaires qui doivent ou devraient être tou-

[202] St. Jean-Paul II, Lettre enc. *Veritatis splendor* (6 août 1993), n. 96 : *AAS* 85 (1993), p. 1209.

jours soutenues. Accepter qu'existent des valeurs permanentes, même s'il n'est pas toujours facile de les connaître, donne solidité et stabilité à une éthique sociale. Même lorsque nous les avons reconnues et acceptées grâce au dialogue et au consensus, nous voyons que ces valeurs fondamentales sont au-dessus de tout consensus ; nous les reconnaissons comme des valeurs qui transcendent nos contextes et qui ne sont jamais négociables. Notre compréhension de leur signification et de leur portée pourra croître – et en ce sens le consensus est une chose dynamique – mais, en elles-mêmes, elles sont considérées comme stables en raison de leur sens intrinsèque.

212. Si quelque chose est toujours souhaitable pour le bon fonctionnement de la société, n'est-ce pas parce que derrière se trouve une vérité permanente que l'intelligence peut saisir ? Dans la réalité même de l'être humain et de la société, dans leur nature intime, réside une série de structures fondamentales qui soutiennent leur développement et leur survie. Il en découle certaines exigences qui peuvent être découvertes grâce au dialogue, bien qu'elles ne soient pas strictement le fruit d'un consensus. Le fait que certaines normes soient indispensables à la vie sociale elle-même est un indice extérieur qu'elles sont une chose bonne en soi. Par conséquent, il n'est pas nécessaire d'opposer la convenance sociale, le consensus et la réalité d'une vérité objective. Ces trois choses peuvent s'unir harmonieusement

lorsque, à travers le dialogue, les personnes osent aller jusqu'au fond d'une question.

213. S'il faut respecter en toute situation la dignité d'autrui, ce n'est pas parce que nous inventons ou supposons la dignité des autres, mais parce qu'il y a effectivement en eux une valeur qui dépasse les choses matérielles et les circonstances, et qui exige qu'on les traite autrement. Que tout être humain possède une dignité inaliénable est une vérité qui correspond à la nature humaine indépendamment de tout changement culturel. C'est pourquoi l'être humain a la même dignité inviolable en toute époque de l'histoire et personne ne peut se sentir autorisé par les circonstances à nier cette conviction ou à ne pas agir en conséquence. L'intelligence peut donc scruter la réalité des choses, à travers la réflexion, l'expérience et le dialogue, pour reconnaître, dans cette réalité qui la transcende, le fondement de certaines exigences morales universelles.

214. Ce fondement pourra paraître suffisant aux agnostiques pour conférer aux principes éthiques fondamentaux et non négociables une validité universelle ferme et stable en mesure d'empêcher de nouvelles catastrophes. Pour les croyants, cette nature humaine, source de principes éthiques, a été créée par Dieu qui, en définitive, donne un fondement solide à ces prin-

cipes.[203] Cela ne conduit pas au fixisme éthique ni n'implique l'imposition d'un quelconque système moral, vu que les principes moraux élémentaires et universellement valides peuvent générer diverses normes pratiques. Mais cela laisse toujours de la place au dialogue.

Une culture nouvelle

215. « La vie, c'est l'art de la rencontre, même s'il y a tant de désaccords dans la vie ».[204] À plusieurs reprises, j'ai invité à développer une culture de la rencontre qui aille au-delà des dialectiques qui s'affrontent. C'est un style de vie visant à façonner ce polyèdre aux multiples facettes, aux très nombreux côtés, mais formant ensemble une unité pleine de nuances, puisque « le tout est supérieur à la partie ».[205] Le polyèdre représente une société où les différences coexistent en se complétant, en s'enrichissant et en s'éclairant réciproquement, même si cela implique des discussions et de la méfiance. En effet, on peut apprendre quelque chose de chacun, personne n'est inutile, personne n'est superflu. Cela implique que les périphéries soient intégrées. Celui qui s'y trouve a un autre point de vue, il voit des aspects

[203] Nous, chrétiens, nous croyons en outre que Dieu nous accorde sa grâce afin que nous puissions agir comme des frères.

[204] Vinicius De Moraes, *Samba de la bendición (Samba da Bênção)*, dans le disque *Um encontro no Au bon Gourmet*, Rio de Janeiro (2 août 1962).

[205] Exhort. ap. *Evangelii gaudium* (24 novembre 2013), n. 237 : *AAS* 105 (2013), p. 1116.

de la réalité qui ne sont pas reconnus des centres du pouvoir où se prennent les décisions les plus déterminantes.

La rencontre devenue culture

216. Le terme "culture" désigne quelque chose qui s'est enraciné dans le peuple, dans ses convictions les plus profondes et dans son mode de vie. Si nous parlons d'une "culture" dans le peuple, c'est plus qu'une idée ou une abstraction. Celle-ci inclut les envies, l'enthousiasme et, finalement, une façon de vivre qui caractérise tel groupe humain. Par conséquent, parler de "culture de la rencontre" signifie que, en tant que peuple, chercher à nous rencontrer, rechercher des points de contact, construire des ponts, envisager quelque chose qui inclut tout le monde, nous passionnent. Cela devient un désir et un mode de vie. Le sujet de cette culture, c'est le peuple et non un secteur de la société qui cherche à tranquilliser les autres par des moyens professionnels et médiatiques.

217. La paix sociale est difficile à construire, elle est artisanale. Il serait plus facile de limiter les libertés et les différences par un peu d'astuce et de moyens. Mais cette paix serait superficielle et fragile ; elle ne serait pas le fruit d'une culture de la rencontre qui la soutienne. Intégrer les différences est beaucoup plus difficile et plus lent, mais c'est la garantie d'une paix réelle et solide. Cela ne s'obtient pas en mettant ensemble uniquement les purs, car « même les personnes qui peuvent

être critiquées pour leurs erreurs ont quelque chose à apporter qui ne doit pas être perdu ».[206] Cela ne consiste pas non plus en une paix issue de l'étouffement des revendications sociales ou de la prohibition de toute protestation, puisque ce n'est pas « un consensus de bureau ou une paix éphémère pour une minorité heureuse ».[207] Ce qui est bon, c'est de créer des *processus* de rencontre, des processus qui bâtissent un peuple capable d'accueillir les différences. Outillons nos enfants des armes du dialogue ! Enseignons-leur le bon combat de la rencontre !

Le bonheur de reconnaître l'autre

218. Cela implique l'effort de reconnaître à l'autre le droit d'être lui-même et d'être différent. À partir de cette reconnaissance faite culture, l'élaboration d'un pacte social devient possible. Sans cette reconnaissance apparaissent des manières subtiles d'œuvrer pour que l'autre perde toute signification, qu'il devienne négligeable, qu'on ne lui reconnaisse aucune valeur dans la société. Derrière le rejet de certaines formes visibles de violence, se cache souvent une autre violence plus sournoise : celle de ceux qui méprisent toute personne différente, surtout quand ses revendications portent préjudice d'une manière ou d'une autre à leurs intérêts.

[206] *Ibid.*, n. 236 : *AAS* 105 (2013), p. 1115.
[207] *Ibid.*, n. 218 : *AAS* 105 (2013), p. 1110.

219. Quand un secteur de la société prétend profiter de tout ce qu'offre le monde, comme si les pauvres n'existaient pas, cela entraîne des conséquences à un moment ou à un autre. Ignorer l'existence et les droits des autres provoque, tôt ou tard, une certaine forme de violence, très souvent inattendue. Les rêves de liberté, d'égalité et de fraternité peuvent rester de pures formalités s'ils ne sont pas effectivement pour tous. Il ne s'agit donc pas seulement de rechercher la rencontre entre ceux qui détiennent diverses formes de pouvoir économique, politique ou universitaire. Une rencontre sociale réelle met véritablement en dialogue les grandes formes culturelles qui représentent la majeure partie de la population. Bien souvent, les bonnes intentions ne sont pas souscrites par les secteurs les plus pauvres, parce qu'elles se présentent sous un habillement culturel qui n'est pas le leur et avec lequel ils ne peuvent pas s'identifier. Par conséquent, un pacte social réaliste et inclusif doit être aussi un "pacte culturel" qui respecte et prenne en compte les diverses visions de l'univers, les diverses cultures et les divers modes de vie coexistant dans la société.

220. Par exemple, les peuples autochtones ne sont pas opposés au progrès, même s'ils ont une conception différente du progrès, souvent plus humaniste que celle de la culture moderne du monde développé. Ce n'est pas une culture orientée vers le bénéfice de ceux qui ont le pouvoir, de ceux qui ont besoin de créer une sorte

de paradis éternel sur terre. L'intolérance et le mépris envers les cultures populaires indigènes est une véritable forme de violence propre aux élites dénuées de bonté qui vivent en jugeant les autres. Mais aucun changement authentique, profond et durable, n'est possible s'il ne se réalise à partir des diverses cultures, principalement celle des pauvres. Un pacte culturel suppose qu'on renonce à comprendre l'identité d'un endroit de manière monolithique et exige qu'on respecte la diversité en ouvrant à celle-ci des voies de promotion et d'intégration sociales.

221. Ce pacte implique aussi qu'on accepte la possibilité de céder quelque chose pour le bien commun. Personne ne pourra détenir toute la vérité ni satisfaire la totalité de ses désirs, parce que cette prétention conduirait à vouloir détruire l'autre en niant ses droits. La recherche d'une fausse tolérance doit céder le pas au réalisme dialoguant de la part de ceux qui croient devoir être fidèles à leurs principes mais qui reconnaissent que l'autre aussi a le droit d'essayer d'être fidèle aux siens. Voilà la vraie reconnaissance de l'autre que seul l'amour rend possible et qui signifie se mettre à la place de l'autre pour découvrir ce qu'il y a d'authentique, ou au moins de compréhensible, dans ses motivations et intérêts !

Retrouver la bienveillance

222. L'individualisme consumériste provoque beaucoup de violations. Les autres sont consi-

dérés comme de vrais obstacles à une douce tranquillité égoïste. On finit alors par les traiter comme des entraves et l'agressivité grandit. Cela s'accentue et atteint le paroxysme lors des crises, des catastrophes, dans les moments difficiles où l'esprit du "sauve qui peut" apparaît en pleine lumière. Il est cependant possible de choisir de cultiver la bienveillance. Certaines personnes le font et deviennent des étoiles dans l'obscurité.

223. Saint Paul désignait un fruit de l'Esprit Saint par le terme grec *jrestótes* (*Ga* 5, 22) exprimant un état d'âme qui n'est pas âpre, rude, dur, mais bienveillant, suave, qui soutient et réconforte. La personne dotée de cette qualité aide les autres pour que leurs vies soient plus supportables, surtout quand elles ploient sous le poids des problèmes, des urgences et des angoisses. C'est une manière de traiter les autres qui se manifeste sous diverses formes telles que : la bienveillance dans le comportement, l'attention pour ne pas blesser par des paroles ou des gestes, l'effort d'alléger le poids aux autres. Cela implique qu'on dise « des mots d'encouragements qui réconfortent, qui fortifient, qui consolent qui stimulent », au lieu de « paroles qui humilient, qui attristent, qui irritent, qui dénigrent ».[208]

224. La bienveillance est une libération de la cruauté qui caractérise parfois les relations hu-

[208] Exhort. Ap. post-syn. *Amoris laetitia* (19 mars 2016), n. 100 : *AAS* 108 (2016), p. 351.

maines, de l'anxiété qui nous empêche de penser aux autres, de l'empressement distrait qui ignore que les autres aussi ont le droit d'être heureux. Aujourd'hui, on n'a ni l'habitude ni assez de temps et d'énergies pour s'arrêter afin de bien traiter les autres, de dire "s'il te plait", "pardon", "merci". Mais de temps en temps le miracle d'une personne aimable apparaît, qui laisse de côté ses anxiétés et ses urgences pour prêter attention, pour offrir un sourire, pour dire une parole qui stimule, pour rendre possible un espace d'écoute au milieu de tant d'indifférence. Cet effort, vécu chaque jour, est capable de créer une cohabitation saine qui l'emporte sur les incompréhensions et qui prévient les conflits. Cultiver la bienveillance n'est pas un détail mineur ni une attitude superficielle ou bourgeoise. Puisqu'elle suppose valorisation et respect, elle transfigure profondément le mode de vie, les relations sociales et la façon de débattre et de confronter les idées, lorsqu'elle devient culture dans une société. Elle facilite la recherche du consensus et ouvre des chemins là où l'exaspération détruit tout pont.

SEPTIÈME CHAPITRE

DES PARCOURS POUR SE RETROUVER

225. En bien des endroits dans le monde, des parcours de paix qui conduisent à la cicatrisation des blessures sont nécessaires. Il faut des artisans de paix disposés à élaborer, avec intelligence et audace, des processus pour guérir et pour se retrouver.

Repartir de la vérité

226. Se retrouver ne signifie pas retourner à un moment antérieur aux conflits. Nous avons tous changé avec le temps. La souffrance et les affrontements nous ont transformés. Par ailleurs, il n'y a plus de place pour les diplomaties vides, pour les faux-semblants, pour le double langage, pour les dissimulations, les bonnes manières qui cachent la réalité. Ceux qui se sont durement affrontés doivent dialoguer à partir de la vérité, claire et nue. Ils ont besoin d'apprendre à cultiver la mémoire pénitentielle, capable d'assumer le passé pour libérer l'avenir de ses insatisfactions, confusions et projections. Ce n'est qu'à partir de la vérité historique des faits qu'ils pourront faire l'effort, persévérant et prolongé, de se comprendre mutuellement et de tenter une nouvelle synthèse pour le bien de tous. La réalité, c'est que « le processus de paix est un engagement qui dure dans

le temps. C'est un travail patient de recherche de la vérité et de la justice qui honore la mémoire des victimes et qui ouvre, pas à pas, à une espérance commune plus forte que la vengeance ».[209] Comme l'ont dit les évêques du Congo au sujet d'un conflit qui se répète, « des accords de paix sur le papier ne suffiront pas. Il faudra aller plus loin, en intégrant l'exigence de vérité sur les origines de cette crise récurrente. Le peuple a le droit de savoir ce qui s'est passé ».[210]

227. En effet, « la vérité est une compagne indissociable de la justice et de la miséricorde. Toutes les trois sont essentielles pour construire la paix et, d'autre part, chacune d'elle empêche que les autres soient altérées. [...] La vérité ne doit pas, de fait, conduire à la vengeance, mais bien plutôt à la réconciliation et au pardon. La vérité, c'est dire aux familles déchirées par la douleur ce qui est arrivé à leurs parents disparus. La vérité, c'est avouer ce qui s'est passé avec les plus jeunes enrôlés par les acteurs violents. La vérité, c'est reconnaître la souffrance des femmes victimes de violence et d'abus. [...] Chaque violence commise contre un être humain est une blessure dans la chair de l'humanité ; chaque mort violente nous diminue en tant que personnes. [...] La violence engendre la violence, la haine engendre plus de

[209] *Message pour la 53e Journée Mondiale de la Paix 1er janvier 2020* (8 décembre 2019), n. 2 : *L'Osservatore Romano,* éd. en langue française (17-24 décembre 2019), p. 10.

[210] Conférence Episcopale du Congo, *Message au Peuple de Dieu et aux femmes et aux hommes de bonne volonté* (9 mai 2018).

haine et la mort plus de mort. Nous devons briser cette chaîne qui paraît inéluctable ».[211]

ARCHITECTURE ET ARTISANAT DE LA PAIX

228. Le cheminement vers la paix n'implique pas l'homogénéisation de la société ; il nous permet par contre de travailler ensemble. Il peut unir un grand nombre de personnes en vue de recherches communes où tous sont gagnants. Face à un objectif commun déterminé, il est possible d'apporter diverses propositions techniques, différentes expériences et de travailler au bien commun. Il faut essayer de bien identifier les problèmes que traverse une société pour accepter qu'il existe diverses façons de voir les difficultés et de les résoudre. Le chemin vers une meilleure cohabitation implique toujours que soit reconnue la possibilité que l'autre fasse découvrir une perspective légitime, au moins en partie, quelque chose qui peut être pris en compte, même quand il s'est trompé ou a mal agi. En effet, « l'autre ne doit jamais être enfermé dans ce qu'il a pu dire ou faire, mais il doit être considéré selon la promesse qu'il porte en lui »,[212] promesse qui laisse toujours une lueur d'espérance.

[211] *Discours lors de la grande rencontre de prière pour la réconciliation nationale*, Villavicencio - Colombie (8 septembre 2017) : *AAS* 109 (2017), pp. 1063-1064.1066.

[212] *Message pour la 53e Journée Mondiale de la Paix 1er janvier 2020* (8 décembre 2019), n. 3 : *L'Osservatore Romano,* éd. en langue française (17-24 décembre 2019), p. 11.

229. Comme l'ont enseigné les évêques sud-africains, la vraie réconciliation s'obtient de manière proactive, « en créant une nouvelle société fondée sur le service des autres plus que sur le désir de domination, une société fondée sur le partage avec les autres de ce que l'on possède plus que sur la lutte égoïste de chacun pour accumuler le plus de richesse possible ; une société dans laquelle la valeur d'être ensemble en tant qu'êtres humains prime incontestablement sur l'appartenance à tout autre groupe plus restreint, que ce soit la famille, la nation, la race ou la culture ».[213] Les évêques de la Corée du Sud ont signalé qu'une véritable paix « ne peut être obtenue que si nous luttons pour la justice à travers le dialogue, en recherchant la réconciliation et la croissance mutuelle ».[214]

230. Le difficile effort de dépasser ce qui nous divise sans perdre l'identité personnelle suppose qu'un sentiment fondamental d'appartenance demeure vivant en chacun. En effet, « notre société gagne quand chaque personne, chaque groupe social, se sent vraiment à la maison. Dans une famille, les parents, les grands-parents, les enfants sont de la maison ; personne n'est exclu. Si l'un d'eux a une difficulté, même grave, bien qu'il l'ait

[213] Conférence des Évêques d'Afrique du Sud, *Pastoral letter on christian hope in the current crisis* (mai 1986).

[214] Conférence des Évêques Catholiques de la Corée du Sud, *Appeal of the Catholic Church in Korea for Peace on the Korean Peninsula* (15 août 2017).

cherchée, les autres vont à son secours, le soutiennent ; sa douleur est partagée par tous. [...] Dans les familles, tous contribuent au projet commun, tous travaillent pour le bien commun, mais sans annihiler chaque membre ; au contraire, ils le soutiennent, ils le promeuvent. Ils se querellent, mais il y a quelque chose qui ne change pas : ce lien familial. Les querelles de famille donnent lieu par la suite à des réconciliations. Les joies et les peines de chacun sont assumées par tous. Ça oui c'est être famille ! Si nous pouvions réussir à voir l'adversaire politique ou le voisin de maison du même œil que nos enfants, nos épouses, époux, nos pères ou nos mères, que ce serait bien ! Aimons-nous notre société ou bien continue-t-elle d'être quelque chose de lointain, quelque chose d'anonyme, qui ne nous implique pas, que nous ne portons en nous, qui ne nous engage pas ? ».[215]

231. Bien souvent, il est fort nécessaire de négocier et par ce biais de développer des processus concrets pour la paix. Mais les processus efficaces d'une paix durable sont avant tout des transformations artisanales réalisées par les peuples, où chaque être humain peut être un ferment efficace par son mode de vie quotidien. Les grandes transformations ne sont pas produites dans des bureaux ou dans des cabinets. Par conséquent, « chacun joue un rôle fondamental, dans un

[215] *Discours à la société civile*, Quito – Equateur (7 juillet 2015) : *L'Osservatore Romano,* éd. en langue française (16 juillet 2015), p. 3.

unique projet innovant, pour écrire une nouvelle page de l'histoire, une page remplie d'espérance, remplie de paix, remplie de réconciliation ».[216] Il y a une "architecture" de la paix où interviennent les diverses institutions de la société, chacune selon sa compétence, mais il y a aussi un "artisanat" de la paix qui nous concerne tous. À partir de divers processus de paix réalisés en plusieurs endroits dans le monde, « nous avons appris que ces chemins de pacification, de primauté de la raison sur la vengeance, de délicate harmonie entre la politique et le droit, ne peuvent pas ignorer les cheminements des gens. On n'y arrive pas avec l'élaboration de cadres juridiques et d'arrangements institutionnels entre groupes politiques ou économiques de bonne volonté. [...] De plus, il est toujours enrichissant d'introduire dans nos processus de paix l'expérience de secteurs qui, en de nombreuses occasions, ont été rendus invisibles, pour que ce soient précisément les communautés qui peignent elles-mêmes les processus de mémoire collective ».[217]

232. Il n'y a pas de point final à la construction de la paix sociale d'un pays. Celle-ci est plutôt « une tâche sans répit qui exige l'engagement de tous. Travail qui nous demande de ne pas relâ-

[216] *Rencontre interreligieuse avec les jeunes*, Maputo – Mozambique (5 septembre 2019) : *L'Osservatore Romano,* éd. en langue française (10 septembre 2019), p. 4.

[217] *Homélie lors de la Sainte Messe,* Carthagène des Indes – Colombie (10 septembre 2017) : *L'Osservatore Romano,* éd. en langue française (21 septembre 2017), p. 10.

cher l'effort de construire l'unité de la nation et, malgré les obstacles, les différences et les diverses approches sur la manière de parvenir à la cohabitation pacifique, de persévérer dans la lutte afin de favoriser la culture de la rencontre qui exige de mettre au centre de toute action, sociale et économique, la personne humaine, sa très haute dignité et le respect du bien commun. Que cet effort nous fasse fuir toute tentation de vengeance et de recherche d'intérêts uniquement particuliers et à court terme ».[218] Les manifestations publiques violentes, d'un côté ou de l'autre, n'aident pas à trouver d'issues. Surtout parce que, comme l'ont bien souligné les évêques de Colombie, lorsque sont encouragées « des mobilisations citoyennes, leurs origines et leurs objectifs n'apparaissent pas toujours clairement ; il y a des genres de manipulations politiques et on a observé des appropriations en faveur d'intérêts particuliers ».[219]

Surtout avec les derniers

233. La recherche de l'amitié sociale n'implique pas seulement le rapprochement entre groupes sociaux éloignés après une période conflictuelle

[218] *Discours aux Autorités, au Corps diplomatique et à certains représentants de la société civile*, Bogota - Colombie (7 septembre 2017) : *L'Osservatore Romano,* éd. en langue française (14 septembre 2017), p. 3.

[219] Conférence Épiscopale de Colombie, *Por el bien de Colombia : dialogo, reconciliación y desarrollo integral* (26 novembre 2019), n. 4.

dans l'histoire, mais aussi la volonté de se retrouver avec les secteurs les plus appauvris et vulnérables. « La paix n'est pas seulement l'absence de guerre, mais l'engagement inlassable – surtout de la part de nous autres qui exerçons une charge liée à une plus grande responsabilité – de reconnaître, de garantir et de reconstruire concrètement la dignité, bien des fois oubliée ou ignorée, de nos frères, pour qu'ils puissent se sentir les principaux protagonistes du destin de leur Nation ».[220]

234. Souvent, les derniers de la société ont été offensés par des généralisations injustes. Si parfois les plus pauvres et les exclus réagissent par des actes qui paraissent antisociaux, il est important de comprendre que ces réactions sont très souvent liées à une histoire de mépris et de manque d'inclusion sociale. Comme l'ont enseigné les évêques latino-américains, « ce n'est que la proximité avec les pauvres qui fait de nous leurs amis, qui nous permet d'apprécier profondément leurs valeurs actuelles, leurs légitimes désirs et leur manière propre de vivre la foi. L'option pour les pauvres doit nous conduire à l'amitié avec les pauvres ».[221]

[220] *Discours aux Autorités, à la société civile et au Corps diplomatique*, Maputo – Mozambique (5 septembre 2019) : *L'Osservatore Romano,* éd. en langue française (10 septembre 2019), p. 3.

[221] 5e Conférence Générale de l'Épiscopat Latino-américain et des Caraïbes, *Document d'Aparecida* (29 juin 2007), n. 398.

235. Ceux qui cherchent à pacifier la société ne doivent pas oublier que l'iniquité et le manque de développement humain intégral ne permettent pas de promouvoir la paix. En effet, « sans égalité de chances, les différentes formes d'agression et de guerre trouveront un terrain fertile qui tôt ou tard provoquera l'explosion. Quand la société – locale, nationale ou mondiale – abandonne dans la périphérie une partie d'elle-même, il n'y a ni programmes politiques, ni forces de l'ordre ou d'intelligence qui puissent assurer sans fin la tranquillité ».[222] S'il s'avère nécessaire de recommencer, ce sera toujours à partir des derniers.

La valeur et le sens du pardon

236. Certains préfèrent ne pas parler de réconciliation parce qu'ils pensent que le conflit, la violence et les ruptures font partie du fonctionnement normal d'une société. De fait, au sein de tout groupe humain, il y a des luttes de pouvoir plus ou moins subtiles entre différents secteurs. D'autres soutiennent qu'accorder de la place au pardon, c'est renoncer à sa propre place pour laisser d'autres dominer la situation. C'est pourquoi ils considèrent qu'il vaut mieux préserver un jeu de pouvoir qui permette de préserver un équilibre des forces entre les différents groupes. D'autres croient que la réconciliation est l'affaire des faibles qui ne sont pas capables d'un dialogue

[222] Exhort. Ap. *Evangelii gaudium* (24 novembre 2013), n. 59 : *AAS* 105 (2013), p. 1044.

de fond et qui choisissent donc de fuir les difficultés en dissimulant les injustices. Incapables d'affronter les problèmes, ils font l'option d'une paix apparente.

Le conflit inévitable

237. Le pardon et la réconciliation sont des thèmes fortement mis en exergue dans le christianisme et, de diverses manières, dans d'autres religions. Le risque, c'est de ne pas comprendre convenablement les convictions des croyants et de les présenter de telle sorte qu'elles finissent par alimenter le fatalisme, l'inertie ou l'injustice, ou alors l'intolérance et la violence.

238. Jésus-Christ n'a jamais invité à fomenter la violence ou l'intolérance. Il condamnait ouvertement l'usage de la force pour s'imposer aux autres : « Vous savez que les chefs des nations dominent sur elles en maîtres et que les grands leur font sentir leur pouvoir. Il n'en doit pas être ainsi parmi vous » (*Mt* 20, 25-26). Par ailleurs, l'Évangile demande de pardonner « soixante-dix fois sept fois » (*Mt* 18, 22), et donne comme exemple le serviteur impitoyable qui, pardonné, n'a pas été capable, à son tour, de pardonner aux autres (cf. *Mt* 18, 23-35).

239. Dans d'autres textes du Nouveau Testament, nous pouvons remarquer que, de fait, les communautés primitives, plongées dans un monde païen saturé de corruption et de dérives,

avaient le sens de la patience, de la tolérance, de la compréhension. Certains textes sont très clairs à cet égard : on invite à reprendre les adversaires « avec douceur » (*2 Tm* 2, 25). On exhorte à « n'outrager personne, éviter les disputes, se montrer bienveillant, témoigner à tous les hommes une parfaite douceur. Car, nous aussi, nous étions naguère des insensés » (*Tt* 3, 2-3). Le livre des Actes des Apôtres affirme que les disciples, persécutés par certaines autorités, « avaient la faveur de tout le peuple » (2, 47 ; cf. 4, 21.23 ; 5, 13).

240. Cependant, quand nous réfléchissons sur le pardon, la paix et la concorde sociale, nous nous trouvons face à une affirmation de Jésus-Christ qui nous surprend : « N'allez pas croire que je sois venu apporter la paix sur la terre ; je ne suis pas venu apporter la paix, mais le glaive. Car je suis venu opposer l'homme à son père, la fille à sa mère et la bru à sa belle-mère : on aura pour ennemis les gens de sa famille » (*Mt* 10, 34-36). Il est important de situer cette affirmation dans le contexte du chapitre où elle se trouve. De toute évidence, le thème qui y est abordé est celui de la fidélité à un choix, sans honte, même si cela comporte des contrariétés, et même si des proches s'opposent au choix en question. Par conséquent, cette affirmation n'invite pas à rechercher les conflits, mais simplement à supporter le conflit inéluctable, pour que le respect humain ne conduise pas à s'écarter de la fidélité en vue d'une supposée paix familiale ou

sociale. Saint Jean-Paul II a déclaré que l'Église « n'entend pas condamner tout conflit social sous quelque forme que ce soit : l'Église sait bien que les conflits d'intérêts entre divers groupes sociaux surgissent inévitablement dans l'histoire et que le chrétien doit souvent prendre position à leur sujet avec décision et cohérence ».[223]

Les luttes légitimes et le pardon

241. Il ne s'agit pas de proposer un pardon en renonçant à ses droits devant un puissant corrompu, devant un criminel ou devant quelqu'un qui dégrade notre dignité. Nous sommes appelés à aimer tout le monde, sans exception. Mais aimer un oppresseur, ce n'est pas accepter qu'il continue d'asservir, ce n'est pas non plus lui faire penser que ce qu'il fait est admissible. Au contraire, l'aimer comme il faut, c'est œuvrer de différentes manières pour qu'il cesse d'opprimer, c'est lui retirer ce pouvoir qu'il ne sait pas utiliser et qui le défigure comme être humain. Pardonner ne veut pas dire lui permettre de continuer à piétiner sa propre dignité et celle de l'autre, ou laisser un criminel continuer à faire du mal. Celui qui subit une injustice doit défendre avec force ses droits et ceux de sa famille précisément parce qu'il doit préserver la dignité qui lui a été donnée, une dignité que Dieu aime. Si un malfaiteur m'a fait du tort, à moi ou à un être cher, personne ne

[223] Lettre enc. *Centesimus annus* (1er mai 1991), n. 14 : *AAS* 83 (1991), p. 810.

m'interdit d'exiger justice et de veiller à ce que cette personne – ou toute autre – ne me nuise de nouveau ou ne fasse le même tort à d'autres. Il faut le faire, et le pardon non seulement n'annule pas cette nécessité, mais l'exige.

242. L'essentiel, c'est de ne pas le faire pour nourrir une colère qui nuit à notre âme et à l'âme de notre peuple, ou par un besoin pathologique de détruire l'autre qui déclenche une course à la vengeance. Personne n'obtient la paix intérieure ni ne se réconcilie avec la vie de cette manière. La vérité, c'est qu'« aucune famille, aucun groupe de voisins ni aucune ethnie, encore moins aucun pays n'a d'avenir si le moteur qui unit, agrège et couvre les différences, [est] la vengeance et la haine. Nous ne pouvons pas nous mettre d'accord et nous unir pour nous venger, pour perpétrer contre celui qui a été violent ce qu'il nous a fait, pour planifier des occasions de représailles sous des formes apparemment légales ».[224] On ne gagne rien ainsi, et, à la longue, on perd tout.

243. Certes, « dépasser l'héritage amer d'injustices, d'hostilités et de défiance laissé par le conflit n'est pas une tâche facile. Cela ne peut être réalisé qu'en faisant vaincre le mal par le bien (Cf. *Rm* 12, 21) et en cultivant les vertus qui promeuvent la

[224] *Homélie lors de la Sainte Messe pour le progrès des peuples*, Maputo – Mozambique (6 septembre 2019) : *L'Osservatore Romano,* éd. en langue française (10 septembre 2019), p. 9.

réconciliation, la solidarité et la paix ».[225] De cette manière, à « celui qui la fait grandir en lui, la bonté donne une conscience tranquille, une joie profonde même au milieu des difficultés et des incompréhensions. Jusque dans les offenses subies, la bonté n'est pas faiblesse, mais vraie force capable de renoncer à la vengeance ».[226] Il faut également que je reconnaisse à mon niveau que le jugement sévère que je porte dans mon cœur contre mon frère et ma sœur, cette cicatrice jamais refermée, cette offense jamais pardonnée, cette rancœur qui ne peut que me nuire, que tout cela est un nouvel épisode de la guerre en moi, un feu dans mon cœur qu'il faut éteindre avant qu'il ne s'embrase.[227]

La vraie victoire

244. Quand les conflits ne sont pas résolus mais plutôt dissimulés ou enterrés dans le passé, il y a des silences qui peuvent être synonymes de complicité avec des erreurs et des péchés graves. Mais la vraie réconciliation, loin de fuir le conflit, se réalise plutôt *dans* le conflit, en le dépassant par le dialogue et la négociation transparente, sincère et

[225] *Discours à la cérémonie de bienvenue*, Colombo – Sri Lanka (13 janvier 2015) : *L'Osservatore Romano,* éd. en langue française (15 janvier), p. 3.

[226] *Discours aux enfants du Centre Béthanie et à des représentants d'autres centres caritatifs en Albanie*, Tirana - Albanie (21 septembre 2014) : *L'Osservatore Romano,* éd. en langue française (25 septembre 2014), p. 7.

[227] Cf. *Message vidéo à la conférence TED 2017 de Vancouver* (26 avril 2017) : *L'Osservatore Romano,* éd. en langue française (11 mai 2017), p. 4.

patiente. La lutte entre divers secteurs, « si elle renonce aux actes d'hostilité et à la haine mutuelle, se change peu à peu en une légitime discussion d'intérêts, fondée sur la recherche de la justice ».[228]

245. À plusieurs reprises, j'ai proposé « un principe indispensable pour construire l'amitié sociale : l'unité est supérieure au conflit. [...] Il ne s'agit pas de viser au syncrétisme ni à l'absorption de l'un dans l'autre, mais de la résolution à un plan supérieur qui conserve, en soi, les précieuses potentialités des polarités en opposition ».[229] Nous le savons parfaitement, « chaque fois que, en tant que personnes et communautés, nous apprenons à viser plus haut que nous-mêmes et que nos intérêts particuliers, la compréhension et l'engagement réciproques se transforment [...] en un domaine où les conflits, les tensions et aussi ceux qui auraient pu se considérer comme des adversaires par le passé, peuvent atteindre une unité multiforme qui engendre une nouvelle vie ».[230]

La mémoire

246. On ne doit pas exiger une sorte de "pardon social" de la part de celui qui a beaucoup

[228] Pie XI, Lettre enc. *Quadregesimo anno* (15 mai 1931), n. 114 : *AAS* 23 (1931), p. 213.

[229] Exhort. ap. *Evangelii gaudium* (24 novembre 2013), n. 228 : *AAS* 105 (2013), p. 1113.

[230] *Discours aux Autorités, à la société civile et au Corps diplomatique*, Palais Présidentiel de Riga - Lettonie (24 septembre 2018) : *L'Osservatore Romano,* éd. en langue française (4 octobre 2018), p. 6.

souffert injustement et cruellement. La réconciliation est un fait personnel, et personne ne peut l'imposer à l'ensemble d'une société, même si elle doit être promue. Dans le domaine strictement personnel, par une décision libre et généreuse, quelqu'un peut renoncer à exiger un châtiment (cf. *Mt* 5, 44-46), même si la société et sa justice le demandent légitimement. Mais il n'est pas possible de décréter une "réconciliation générale" en prétendant refermer par décret les blessures ou couvrir les injustices d'un manteau d'oubli. Qui peut s'arroger le droit de pardonner au nom des autres ? Il est émouvant de voir la capacité de pardon de certaines personnes qui ont su aller au-delà du mal subi, mais il est aussi humain de comprendre ceux qui ne peuvent pas le faire. Dans tous les cas, ce qui ne doit jamais être proposé, c'est l'oubli.

247. La *Shoa* ne doit pas être oubliée. Elle est le « symbole du point où peut arriver la méchanceté de l'homme quand, fomentée par de fausses idéologies, il oublie la dignité fondamentale de chaque personne qui mérite un respect absolu quel que soit le peuple auquel elle appartient et la religion qu'elle professe ».[231] Pour la rappeler, je ne peux pas ne pas répéter cette prière : « Souviens-toi de nous dans ta miséricorde. Donne-nous la grâce d'avoir honte de ce que, comme hommes, nous

[231] *Discours lors de la cérémonie de bienvenue*, Tel Aviv (25 mai 2014) : *L'Osservatore Romano,* éd. en langue française (29 mai 2014), p. 10.

avons été capables de faire, d'avoir honte de cette idolâtrie extrême, d'avoir déprécié et détruit notre chair, celle que tu as modelée à partir de la boue, celle que tu as vivifiée par ton haleine de vie. Jamais plus, Seigneur, jamais plus ! ».[232]

248. On ne doit pas oublier les bombardements atomiques d'Hiroshima et de Nagasaki. Une fois encore, « je fais mémoire ici de toutes les victimes et je m'incline devant la force et la dignité de ceux qui, ayant survécu à ces premiers moments, ont supporté dans leurs corps, de nombreuses années durant, les souffrances les plus atroces et, dans leur esprit, les germes de la mort qui continuaient à consumer leur énergie vitale. [...] Nous ne pouvons pas permettre que les générations présentes et nouvelles perdent la mémoire de ce qui est arrivé, cette mémoire qui est garantie et encouragement pour construire un avenir plus juste et plus fraternel ».[233] On ne doit pas non plus oublier les persécutions, le trafic d'esclaves et les massacres ethniques qui se sont produits, et qui se produisent dans plusieurs pays, ainsi que tous les autres faits historiques qui nous font honte d'être des hommes. Nous devons toujours nous en souvenir, sans relâche, inlassablement, sans nous laisser anesthésier.

[232] *Discours au Mémorial de Yad Vashem*, Jérusalem (26 mai 2014) : *L'Osservatore Romano,* éd. en langue française (29 mai 2014), p. 15.

[233] *Discours au Mémorial de la Paix*, Hiroshima - Japon (24 novembre 2019) : *L'Osservatore Romano,* éd. en langue française (3 décembre 2019), p. 8.15.

249. Il est facile aujourd'hui de céder à la tentation de tourner la page en disant que beaucoup de temps est passé et qu'il faut regarder en avant. Non, pour l'amour de Dieu ! On ne progresse jamais sans mémoire, on n'évolue pas sans une mémoire complète et lumineuse. Nous avons besoin de garder « vivante la flamme de la conscience collective, témoignant aux générations successives l'horreur de ce qui est arrivé » qui « réveille et conserve de cette façon la mémoire des victimes afin que la conscience humaine devienne toujours plus forte face à toute volonté de domination et de destruction ».[234] Les victimes elles-mêmes – personnes, groupes sociaux ou nations – en ont besoin pour ne pas céder à la logique qui porte à justifier les représailles et quelque violence au nom de l'énorme préjudice subi. C'est pourquoi, je ne me réfère pas uniquement à la mémoire des horreurs, mais aussi au souvenir de ceux qui, dans un contexte malsain et corrompu, ont été capables de retrouver la dignité et, par de petits ou grands gestes, ont fait le choix de la solidarité, du pardon, de la fraternité. Il est très sain de faire mémoire du bien.

Pardon sans oubli

250. Le pardon n'implique pas l'oubli. Nous disons plutôt que lorsqu'il y a quelque chose qui

[234] *Message pour la 53e Journée Mondiale de la Paix 1er janvier 2020* (8 décembre 2019), n. 2 : *L'Osservatore Romano,* éd. en langue française (17-24 décembre 2019), p. 10.

ne peut, en aucune manière, être nié, relativisé ou dissimulé, il est cependant possible de pardonner. Lorsqu'il y a quelque chose qui ne doit jamais être toléré, justifié, ou excusé, il est cependant possible de pardonner. Quand il y a quelque chose que pour aucune raison nous ne pouvons nous permettre d'oublier, nous pouvons cependant pardonner. Le pardon libre et sincère est une grandeur qui reflète l'immensité du pardon divin. Si le pardon est gratuit, alors on peut pardonner même à quelqu'un qui résiste au repentir et qui est incapable de demander pardon.

251. Ceux qui pardonnent en vérité n'oublient pas, mais renoncent à être possédés par cette même force destructrice dont ils ont été victimes. Ils brisent le cercle vicieux, ralentissent les progrès des forces de destruction. Ils décident de ne pas continuer à inoculer dans la société l'énergie de la vengeance qui, tôt ou tard, finit par retomber une fois de plus sur eux-mêmes. En effet, la vengeance ne satisfait jamais vraiment les victimes. Certains crimes sont si horribles et si cruels qu'infliger des peines à leurs auteurs ne peut pas donner le sentiment que le dommage causé a été réparé. Il ne suffit pas non plus de tuer le criminel ; il serait de même impossible de trouver des tortures qui équivaillent aux souffrances que la victime a pu avoir endurées. La vengeance ne résout rien.

252. Cependant, nous ne parlons pas d'impunité. Mais la justice ne se recherche que par

amour de la justice elle-même, par respect pour les victimes, pour prévenir de nouveaux crimes et en vue de préserver le bien commun, mais certainement pas pour évacuer sa colère. Le pardon, c'est précisément ce qui permet de rechercher la justice sans tomber dans le cercle vicieux de la vengeance, ni dans l'injustice de l'oubli.

253. Quand des injustices sont commises de part et d'autre, il faut clairement reconnaître qu'elles peuvent ne pas avoir la même gravité ou n'être pas comparables. La violence exercée par les structures et le pouvoir de l'État n'est pas au même niveau que la violence perpétrée par des groupes particuliers. De toute manière, on ne peut pas demander que l'on se souvienne uniquement des souffrances injustes d'une seule des parties. Comme l'on enseigné les évêques de Croatie : « Nous devons à toutes les victimes innocentes le même respect. Il ne peut ici y avoir de différences raciales, confessionnelles, nationales ou politiques ».[235]

254. Je demande à Dieu « de préparer nos cœurs à la rencontre avec nos frères au-delà des différences d'idées, de langues, de cultures, de religions ; demandons-lui d'oindre tout notre être de l'huile de sa miséricorde qui guérit les blessures des erreurs, des incompréhensions, des controverses ; demandons-lui la grâce de nous

[235] Conférence des Évêques de Croatie, *Letter on the Fiftieth Anniversary of the End of the Second World War* (1er mai 1995).

envoyer avec humilité et douceur sur les sentiers exigeants, mais féconds, de la recherche de la paix ».[236]

La guerre et la peine de mort

255. Certaines situations extrêmes peuvent finir par se présenter comme des solutions dans des circonstances particulièrement dramatiques, sans qu'on se rende compte que ce sont de fausses réponses, qui ne résolvent pas les problèmes posés, et qu'en définitive elles ne font qu'ajouter de nouveaux facteurs de destruction dans le tissu de la société nationale et planétaire. Il s'agit de la guerre et de la peine de mort.

L'injustice de la guerre

256. « Au cœur qui médite le mal : la fraude ; aux conseillers pacifiques : la joie » (*Pr* 12, 20). Toutefois, certains cherchent des solutions dans la guerre qui se nourrit souvent de la perversion des relations, d'ambitions hégémoniques, d'abus de pouvoir, de la peur de l'autre et de la différence perçue comme un obstacle.[237] La guerre n'est pas un fantasme du passé mais au contraire elle est devenue une menace constante. Le monde

[236] *Homélie lors de la Sainte Messe*, Aman - Jordanie (24 mai 2014) : *L'Osservatore Romano,* éd. en langue française (29 mai 2014), p. 5.

[237] Cf. *Message pour la 53e Journée Mondiale de la Paix 1er janvier 2020* (8 décembre 2019) : *L'Osservatore Romano*, éd. en langue française (17-24 décembre 2019), p. 10.

rencontre toujours plus d'obstacles dans le lent cheminement vers la paix qu'il avait initié et qui commençait à porter quelques fruits.

257. Puisque de nouveau les conditions se réunissent pour la prolifération des guerres, je rappelle que « la guerre est la négation de tous les droits et une agression dramatique contre l'environnement. Si l'on veut un vrai développement humain intégral pour tous, on doit poursuivre inlassablement l'effort pour éviter la guerre entre les nations et les peuples. À cette fin, il faut assurer l'incontestable état de droit et le recours inlassable à la négociation, aux bons offices et à l'arbitrage, comme proposé par la *Charte des Nations Unies*, vraie norme juridique fondamentale ».[238] Je voudrais souligner que les soixante-quinze ans des Nations Unies et l'expérience des vingt premières années de ce millénaire montrent que la pleine application des normes internationales est réellement efficace et que leur violation est nuisible. La *Charte des Nations Unies*, respectée et appliquée dans la transparence et en toute sincérité, est un point de référence obligatoire de justice et une voie de paix. Mais cela suppose que des intentions spécieuses ne soient pas masquées et que des intérêts particuliers d'un pays ou d'un groupe ne soient pas placés au-dessus du bien commun du monde entier. Si la loi est considérée

[238] *Discours à l'Organisation des Nations Unies*, New York (25 septembre 2015) : *L'Osservatore Romano,* éd. en langue française (1er octobre 2015), p. 17.

comme un instrument auquel on recourt lorsque cela s'avère favorable et qu'on la contourne dans le cas contraire, des forces incontrôlables se déclenchent qui nuisent gravement aux sociétés, aux plus faibles, à la fraternité, à l'environnement, aux biens culturels, entraînant des pertes irrécupérables sur le plan mondial.

258. C'est ainsi qu'on fait facilement le choix de la guerre sous couvert de toutes sortes de raisons, supposées humanitaires, défensives, ou préventives, même en recourant à la manipulation de l'information. De fait, ces dernières décennies, toutes les guerres ont été prétendument "justifiées". *Le Catéchisme de l'Église catholique* parle de la possibilité d'une légitime *défense* par la force militaire, qui suppose qu'on démontre que sont remplies certaines « conditions rigoureuses de légitimité morale ».[239] Mais on tombe facilement dans une interprétation trop large de ce droit éventuel. On veut ainsi justifier indument même des attaques "préventives" ou des actions guerrières qui difficilement n'entraînent pas « des maux et des désordres plus graves que le mal à éliminer ».[240] Le problème, c'est que depuis le développement des armes nucléaires, chimiques ou biologiques, sans oublier les possibilités énormes et croissantes qu'offrent les nouvelles technologies, la guerre a acquis un pouvoir destructif incontrôlé qui affecte beaucoup de victimes civiles

[239] N. 2309.
[240] *Ibid.*

innocentes. Incontestablement, « jamais l'humanité n'a eu autant de pouvoir sur elle-même et rien ne garantit qu'elle s'en servira toujours bien ».[241] Nous ne pouvons donc plus penser à la guerre comme une solution, du fait que les risques seront probablement toujours plus grands que l'utilité hypothétique qu'on lui attribue. Face à cette réalité, il est très difficile aujourd'hui de défendre les critères rationnels, mûris en d'autres temps, pour parler d'une possible "guerre juste". Jamais plus la guerre ![242]

259. Il est important d'ajouter qu'avec le développement de la mondialisation, ce qui peut apparaître comme une solution immédiate ou pratique à un endroit dans le monde crée un enchaînement de facteurs violents, très souvent imperceptibles, qui finit par affecter toute la planète et ouvrir la voie à de nouvelles et pires guerres à l'avenir. Dans notre monde il n'y a plus seulement des "morceaux" de guerre dans tel ou tel pays, mais on affronte une "guerre mondiale par morceaux", car les destins des pays sont fortement liés entre eux sur la scène mondiale.

241 Lettre enc. *Laudato si´* (24 mai 2015), n. 104 : *AAS* 107 (2015), p. 888.

242 Même saint Augustin qui a forgé le concept de "guerre juste" que nous ne soutenons plus aujourd'hui a affirmé que « mettre un terme à la guerre par la parole, en poursuivant et en obtenant la paix par la paix et non par la guerre glorifie davantage que de la donner aux hommes par l'épée » (*Epistula* 229, 2 : *PL* 33, col. 1020.

260. Comme le disait saint Jean XXIII, « il devient impossible de penser que la guerre soit le moyen adéquat pour obtenir justice d'une violation de droits ».[243] Il l'affirmait à un moment de forte tension internationale et il a ainsi exprimé le grand désir de paix qui se répandait à l'époque de la guerre froide. Il a renforcé la conviction que les raisons pour la paix sont plus fortes que tout calcul lié à des intérêts particuliers et toute confiance dans l'usage des armes. Mais, par manque d'une vision d'avenir et par manque d'une conscience partagée concernant notre destin commun, on n'a pas profité, comme il le fallait, des occasions qu'offrait la fin de la guerre froide. Au contraire, on a cédé à la quête d'intérêts particuliers sans se soucier du bien commun universel. La voie a été ainsi rouverte à la trompeuse terreur de la guerre.

261. Toute guerre laisse le monde pire que dans l'état où elle l'a trouvé. La guerre est toujours un échec de la politique et de l'humanité, une capitulation honteuse, une déroute devant les forces du mal. N'en restons pas aux discussions théoriques, touchons les blessures, palpons la chair des personnes affectées. Retournons contempler les nombreux civils massacrés, considérés comme des “dommages collatéraux”. Interrogeons les victimes. Prêtons attention aux réfugiés, à ceux qui souffrent des radiations atomiques ou des

[243] Lettre enc. *Pacem in terris* (11 avril 1963), n. 127 : *AAS* 55 (1963), p. 291.

attaques chimiques, aux femmes qui ont perdu leurs enfants, à ces enfants mutilés ou privés de leur jeunesse. Prêtons attention à la vérité de ces victimes de la violence, regardons la réalité avec leurs yeux et écoutons leurs récits le cœur ouvert. Nous pourrons ainsi reconnaître l'abîme de mal qui se trouve au cœur de la guerre, et nous ne serons pas perturbés d'être traités de naïfs pour avoir fait le choix de la paix.

262. Les lois ne suffiront pas non plus si l'on pense que la solution aux problèmes actuels consiste à dissuader les autres par la peur, en menaçant de l'usage d'armes nucléaires, chimiques ou biologiques. Car « si nous prenons en considération les principales menaces à la paix et à la sécurité dans leurs multiples dimensions dans ce monde multipolaire du XXIème siècle, comme par exemple le terrorisme, les conflits asymétriques, la cybersécurité, les problèmes environnementaux, la pauvreté, de nombreux doutes surgissent en ce qui concerne l'insuffisance de la dissuasion nucléaire comme réponse efficace à ces défis. Ces préoccupations assument une importance encore plus grande si nous considérons les conséquences humanitaires et environnementales catastrophiques qui découlent de toute utilisation des armes nucléaires ayant des effets dévastateurs indiscriminés et incontrôlables, dans le temps et dans l'espace. […] Nous devons également nous demander dans quelle mesure un équilibre fondé sur la peur est durable, quand il tend de fait à ac-

croître la peur et à porter atteinte aux relations de confiance entre les peuples. La paix et la stabilité internationales ne peuvent être fondées sur un faux sentiment de sécurité, sur la menace d'une destruction réciproque ou d'un anéantissement total, ou sur le seul maintien d'un équilibre des pouvoirs. [...] Dans ce contexte, l'objectif ultime de l'élimination totale des armes nucléaires devient à la fois un défi et un impératif moral et humanitaire. [...] L'interdépendance croissante et la mondialisation signifient que, quelle que soit la réponse que nous apportons à la menace des armes nucléaires, celle-ci doit être collective et concertée, basée sur la confiance mutuelle. Cette confiance ne peut être construite qu'à travers un dialogue véritablement tourné vers le bien commun et non vers la protection d'intérêts voilés ou particuliers ».[244] Et avec les ressources financières consacrées aux armes ainsi qu'à d'autres dépenses militaires, créons un Fonds mondial,[245] en vue d'éradiquer une bonne fois pour toutes la faim et pour le développement des pays les plus pauvres, de sorte que leurs habitants ne recourent pas à des solutions violentes ou trompeuses ni n'aient besoin de quitter leurs pays en quête d'une vie plus digne.

[244] *Message à la Conférence de l'ONU pour la négociation d'un instrument juridiquement contraignant visant à interdire les armes nucléaires en vue de leur élimination complète* (28 mars 2017) : *L'Osservatore Romano,* éd. en langue française (6 avril 2017), p. 5.

[245] Cf. St. Paul VI, Lettre enc. *Populorum progressio* (26 mars 1967), n. 51 : *AAS* 59 (1967), p. 282.

263. Il est une autre façon d'éliminer l'autre, qui ne concerne pas les pays mais les personnes. C'est la peine de mort. Saint Jean-Paul II a affirmé de manière claire et ferme qu'elle est inadéquate sur le plan moral et n'est pas nécessaire sur le plan pénal.[246] Il n'est pas possible de penser revenir sur cette position. Aujourd'hui, nous disons clairement que « la peine de mort est inadmissible »[247] et l'Église s'engage résolument à proposer qu'elle soit abolie dans le monde entier.[248]

264. Dans le Nouveau Testament, alors que l'on demande aux individus de ne pas se rendre justice eux-mêmes (cf. *Rm* 12, 17.19), on reconnaît la nécessité que les autorités imposent des peines à ceux qui font le mal (cf. *Rm* 13, 4 ; *1P* 2, 14). En effet, « la vie en commun, structurée autour de communautés organisées, a besoin de règles de coexistence dont la violation libre exige une réponse adaptée ».[249] Cela implique que l'autorité publique légitime peut et doit « infliger des

[246] Cf. St. Jean-Paul II, Lettre enc. *Evangelium vitae* (25 mars 1995), n. 56 : *AAS* 87 (1995), pp. 463-464.

[247] *Discours à l'occasion du 25e anniversaire du Catéchisme de l'Église catholique* (11 octobre 2017) : *AAS* 109 (2017), p. 1196.

[248] Cf. Congrégation pour la Doctrine de la Foi, *Lettre aux Évêques à propos de la nouvelle formulation du n. 2267 du catéchisme de l'Eglise catholique sur la peine de mort* (1er août 2018) : *L'Osservatore Romano*, éd. en langue française (9 août 2018), p. 6-7.

[249] *Discours à une délégation de l'Association Internationale de Droit Pénal* (23 octobre 2014) : *L'Osservatore Romano,* éd. en langue française (30 octobre 2014), p. 8.

peines proportionnées à la gravité des délits »[250] et que « l'indépendance nécessaire dans le domaine de la loi »[251] doit être garantie au pouvoir judiciaire.

265. Dès les premiers siècles de l'Église, certains se sont clairement déclarés contraires à la peine capitale. Par exemple, Lactance soutenait qu'« il ne fallait faire aucune distinction : tuer un homme sera toujours un crime ».[252] Le Pape Nicolas Ier exhortait : « Tâchez de délivrer de la peine de mort non seulement les innocents mais aussi tous les coupables ».[253] À l'occasion d'un procès contre des meurtriers qui avaient assassiné deux prêtres, saint Augustin a demandé au juge de ne pas leur ôter la vie. Et il se justifiait ainsi : « Ce n'est pas que nous nous opposions à ce qui doit ôter aux méchants la liberté du crime, mais nous voulons qu'on leur laisse la vie et qu'on ne fasse subir à leur corps aucune mutilation ; il nous paraîtrait suffisant qu'une peine légale mît fin à leur agitation insensée et les aidât à retrouver le bon sens, ou qu'on les détournât du mal en les employant à quelque travail utile. Ce serait là aussi une condamnation ; mais qui ne comprend qu'un état où l'audace criminelle ne peut plus se donner

250 CONSEIL PONTIFICAL JUSTICE ET PAIX, *Compendium de la doctrine sociale de l'Église*, n. 402.

251 ST. JEAN-PAUL II, *Discours à l'Association Nationale Italienne des Magistrats* (31 mars 2000), n. 4 : *AAS* 92 (2000), p. 633.

252 *Divinae Institutiones* 6, 20, 17 : *PL* 6, p. 708.

253 NICOLAS Ier, *Epistula 97 (responsa ad consulta bulgarorum)* 25 : *PL* 119, col. 991.

carrière et où on laisse le temps au repentir, doit être appelé un bienfait plutôt qu'un supplice. [...] Réprimez le mal sans oublier ce qui est dû à l'humanité ; que les atrocités des pécheurs ne soient pas pour vous une occasion de goûter le plaisir de la vengeance, mais qu'elles soient comme des blessures que vous preniez soin de guérir ».[254]

266. Les peurs et les rancunes conduisent facilement à une conception vindicative, voire cruelle, des peines, alors qu'elles doivent être comprises comme faisant partie d'un processus de guérison et de réinsertion dans la société. Aujourd'hui « aussi bien dans certains secteurs de la politique que dans certains moyens de communication, on incite parfois à la violence et à la vengeance, publique et privée, non seulement contre ceux qui sont responsables d'avoir commis des délits, mais aussi contre ceux sur lesquels retombe le soupçon, fondé ou non, d'avoir violé la loi. [...] Il y a parfois la tendance à construire délibérément des ennemis : des figures stéréotypées, qui concentrent en elles-mêmes toutes les caractéristiques que la société perçoit ou interprète comme menaçantes. Les mécanismes de formation de ces images sont les mêmes qui, en leur temps, permirent l'expansion des idées racistes ».[255] Cela a rendu particulièrement dange-

[254] *Epistula ad Marcellinum* 133, 1 et 2 : *PL* 33, col. 509.

[255] *Discours à une délégation de l'Association Internationale de Droit Pénal* (23 octobre 2014) : *L'Osservatore Romano,* éd. en langue française (30 octobre 2014), p. 8.

reuse l'habitude croissante, dans certains pays, de recourir à la prison préventive, à des incarcérations sans jugement et surtout à la peine de mort.

267. Je voudrais faire remarquer qu'« il est impossible d'imaginer qu'aujourd'hui les États ne puissent pas disposer d'un autre moyen que la peine capitale pour défendre la vie d'autres personnes contre un agresseur injuste ». Les exécutions dites extrajudiciaires ou extra-légales sont particulièrement graves ; elles sont « des meurtres délibérés commis par certains États et par leurs agents, souvent maquillés en affrontements avec des délinquants ou présentés comme des conséquences involontaires du recours raisonnable, nécessaire et proportionnel à la force pour faire appliquer la loi ».[256]

268. « Les arguments contraires à la peine de mort sont nombreux et bien connus. L'Église en a opportunément souligné quelques-uns, comme la possibilité de l'existence de l'erreur judiciaire et l'usage qu'en font les régimes totalitaires et dictatoriaux qui l'utilisent comme instrument de suppression de la dissidence politique ou de persécution des minorités religieuses et culturelles, autant de victimes qui, selon leurs législations respectives, sont des "délinquants". Tous les chrétiens et les hommes de bonne volonté sont donc appelés [...] à lutter non seulement pour

[256] *Ibid.*, p. 8.

l'abolition de la peine de mort, légale ou illégale, et sous toutes ses formes, mais aussi afin d'améliorer les conditions carcérales, dans le respect de la dignité humaine des personnes privées de la liberté. Et cela, je le relie à la prison à perpétuité. [...] La prison à perpétuité est une peine de mort cachée ».[257]

269. Rappelons-nous que le meurtrier « garde sa dignité personnelle et Dieu lui-même s'en fait le garant ».[258] Le rejet ferme de la peine de mort montre à quel point il est possible de reconnaître l'inaliénable dignité de tout être humain et d'accepter sa place dans cet univers. Étant donné que si je ne la nie pas au pire des criminels, je ne la nierai à personne, je donnerai à chacun la possibilité de partager avec moi cette planète malgré ce qui peut nous séparer.

270. J'invite les chrétiens qui doutent et qui sont tentés de céder face à la violence, quelle qu'en soit la forme, à se souvenir de cette annonce du livre d'Isaïe : « Ils briseront leurs épées pour en faire des socs » (2, 4). Pour nous, cette prophétie prend chair en Jésus-Christ, qui, face à un disciple gagné par la violence, disait avec fermeté : « Rengaine ton glaive ; car tous ceux qui prennent le glaive périront par le glaive » (*Mt* 26, 52). C'était un écho de cette ancienne mise

[257] *Ibid.*

[258] ST. JEAN-PAUL II, Lettre enc. *Evangelium vitae* (25 mars 1995), n. 9 : *AAS* 87 (1995), p. 411.

en garde : « Je demanderai compte du sang de chacun de vous. Qui verse le sang de l'homme, par l'homme aura son sang versé » (*Gn* 9, 5-6). Cette réaction de Jésus jaillissant de son cœur traverse les siècles et parvient jusqu'au temps actuel comme un avertissement permanent.

HUITIÈME CHAPITRE

LES RELIGIONS AU SERVICE DE LA FRATERNITÉ DANS LE MONDE

271. Les différentes religions, par leur valorisation de chaque personne humaine comme créature appelée à être fils et fille de Dieu, offrent une contribution précieuse à la construction de la fraternité et pour la défense de la justice dans la société. Le dialogue entre personnes de religions différentes ne se réalise pas par simple diplomatie, amabilité ou tolérance. Comme l'ont enseigné les évêques de l'Inde, « l'objectif du dialogue est d'établir l'amitié, la paix, l'harmonie et de partager des valeurs ainsi que des expériences morales et spirituelles dans un esprit de vérité et d'amour ».[259]

Le fondement ultime

272. Nous, croyants, nous pensons que, sans une ouverture au Père de tous, il n'y aura pas de raisons solides et stables à l'appel à la fraternité. Nous sommes convaincus que « c'est seulement avec cette conscience d'être des enfants qui ne sont

[259] Conférence des Évêques Catholiques de l'Inde, *Response of the Church in India to the present day challenges* (9 mars 2016).

pas orphelins que nous pouvons vivre en paix avec les autres ».[260] En effet, « la raison, à elle seule, est capable de comprendre l'égalité entre les hommes et d'établir une communauté de vie civique, mais elle ne parvient pas à créer la fraternité ».[261]

273. Dans ce sens, je voudrais rappeler un texte mémorable : « S'il n'existe pas de vérité transcendante, par l'obéissance à laquelle l'homme acquiert sa pleine identité, dans ces conditions, il n'existe aucun principe sûr pour garantir des rapports justes entre les hommes. Leurs intérêts de classe, de groupe ou de nation les opposent inévitablement les uns aux autres. Si la vérité transcendante n'est pas reconnue, la force du pouvoir triomphe, et chacun tend à utiliser jusqu'au bout les moyens dont il dispose pour faire prévaloir ses intérêts ou ses opinions, sans considération pour les droits des autres. [...] Il faut donc situer la racine du totalitarisme moderne dans la négation de la dignité transcendante de la personne humaine, image visible du Dieu invisible et, précisément pour cela, de par sa nature même, sujet de droits que personne ne peut violer, ni l'individu, ni le groupe, ni la classe, ni la nation, ni l'État. La majorité d'un corps social ne peut pas non plus le faire, en se dressant contre la minorité ».[262]

[260] *Homélie lors de la Sainte Messe*, Domus Sanctae Marthae (17 mai 2020).

[261] Benoît XVI, Lettre enc. *Caritas in veritate* (29 juin 2009), n. 19 : *AAS* 101 (2009), p. 655.

[262] St. Jean-Paul II, Lettre enc. *Centesimus annus* (1er mai 1991), n. 44 : *AAS* 83 (1991), p. 849.

274. À la faveur de notre expérience de foi et de la sagesse accumulée au cours des siècles, en apprenant aussi de nos nombreuses faiblesses et chutes, nous savons, nous croyants des religions différentes, que rendre Dieu présent est un bien pour nos sociétés. Chercher Dieu d'un cœur sincère, à condition de ne pas l'utiliser à nos intérêts idéologiques ou d'ordre pratique, nous aide à nous reconnaître comme des compagnons de route, vraiment frères. Nous croyons que « lorsqu' au nom d'une idéologie, on veut expulser Dieu de la société, on finit par adorer des idoles, et bien vite aussi l'homme s'égare lui-même, sa dignité est piétinée, ses droits violés. Vous savez bien à quelles brutalités peut conduire la privation de la liberté de conscience et de la liberté religieuse, et comment à partir de ces blessures se forme une humanité radicalement appauvrie, parce que privée d'espérance et de référence à des idéaux ».[263]

275. Il faut reconnaître que « parmi les causes les plus importantes de la crise du monde moderne se trouvent une conscience humaine anesthésiée et l'éloignement des valeurs religieuses, ainsi que la prépondérance de l'individualisme et des philosophies matérialistes qui divinisent l'homme et mettent les valeurs mondaines et

[263] *Discours aux responsables des diverses religions et des autres dénominations chrétiennes*, Tirana - Albanie (21 septembre 2014) : *L'Osservatore Romano,* éd. en langue française (25 septembre 2014), p. 5.

matérielles à la place des principes suprêmes et transcendants ».[264] Il est inadmissible que, dans le débat public, seuls les puissants et les hommes ou femmes de science aient droit à la parole. Il doit y avoir de la place pour la réflexion qui procède d'un arrière-plan religieux, recueillant des siècles d'expérience et de sagesse. « Les textes religieux classiques peuvent offrir une signification pour toutes les époques, et ont une force de motivation » mais de fait « ils sont dépréciés par l'étroitesse d'esprit des rationalismes ».[265]

276. C'est pour cela que, même si l'Église respecte l'autonomie de la politique, elle ne limite pas pour autant sa mission au domaine du privé. Au contraire, « elle ne peut ni ne doit [...] rester à l'écart » dans la construction d'un monde meilleur, ni cesser de « réveiller les forces spirituelles »[266] qui fécondent toute la vie sociale. Les ministres religieux ne doivent certes pas faire de la politique partisane, qui revient aux laïcs, mais ils ne peuvent pas non plus renoncer à la dimension politique de l'existence[267] qui implique une constante attention au bien commun et le souci

[264] *Document sur la fraternité humaine pour la paix mondiale et la coexistence commune*, Abou Dhabi (4 février 2019) : *L'Osservatore Romano*, éd. en langue française (12 février 2019), p. 11.

[265] Exhort. ap. *Evangelii gaudium* (24 novembre 2013), n. 256 : *AAS* 105 (2013), p. 1123.

[266] Benoît XVI, Lettre enc. *Deus caritas est* (25 décembre 2005), n. 28 : *AAS* 98 (2006), p. 240.

[267] Cf. Aristote, *Politique*, 1253a 1-3 : « L'être humain est un animal politique ».

du développement humain intégral. L'Église « a un rôle public qui ne se borne pas à ses activités d'assistance ou d'éducation », mais qui favorise « la promotion de l'homme et de la fraternité universelle ».[268] Elle n'entend pas revendiquer des pouvoirs temporels mais s'offrir comme « une famille parmi les familles, – c'est cela, l'Église – ouverte pour témoigner au monde d'aujourd'hui de la foi, de l'espérance et de l'amour envers le Seigneur et envers ceux qu'il aime avec prédilection. Une maison avec les portes ouvertes. L'Église est une maison qui a les portes ouvertes, car elle est mère ».[269] Et comme Marie, la Mère de Jésus, « nous voulons être une Église qui sert, qui sort de chez elle, qui sort de ses temples, qui sort de ses sacristies, pour accompagner la vie, soutenir l'espérance, être signe d'unité [...] pour établir des ponts, abattre les murs, semer la réconciliation ».[270]

L'identité chrétienne

277. L'Église valorise l'action de Dieu dans les autres religions et « ne rejette rien de ce qui est vrai et saint dans ces religions. Elle considère avec un respect sincère ces manières d'agir et de

[268] Benoît XVI, Lettre enc. *Caritas in veritate* (29 juin 2009), n. 11 : *AAS* 101 (2009), p. 648.

[269] *Discours à la Communauté catholique*, Rakovski - Bulgarie (6 mai 2019) : *L'Osservatore Romano,* éd. en langue française (14 mai 2019), p. 5.

[270] *Homélie lors de la Sainte Messe*, Santiago de Cuba (22 septembre 2015) : *L'Osservatore Romano,* éd. en langue française (24 septembre 2015), p. 13.

vivre, ces règles et ces doctrines qui [...] reflètent souvent un rayon de la vérité qui illumine tous les hommes ».[271] Mais nous, chrétiens, nous ne pouvons pas cacher que « si la musique de l'Évangile cesse de vibrer dans nos entrailles, nous aurons perdu la joie qui jaillit de la compassion, la tendresse qui naît de la confiance, la capacité de la réconciliation qui trouve sa source dans le fait de se savoir toujours pardonnés et envoyés. Si la musique de l'Évangile cesse de retentir dans nos maisons, sur nos places, sur nos lieux de travail, dans la politique et dans l'économie, nous aurons éteint la mélodie qui nous pousse à lutter pour la dignité de tout homme et de toute femme ».[272] D'autres s'abreuvent à d'autres sources. Pour nous, cette source de dignité humaine et de fraternité se trouve dans l'Évangile de Jésus-Christ. C'est de là que surgit « pour la pensée chrétienne et pour l'action de l'Église le primat donné à la relation, à la rencontre avec le mystère sacré de l'autre, à la communion universelle avec l'humanité tout entière comme vocation de tous ».[273]

278. Appelée à s'incarner en tout lieu et présente pendant des siècles partout sur la terre

[271] Conc. Œcum. Vat. II, Déclaration *Nostra aetate* sur les relations de l'Eglise avec les religions non chrétiennes, n. 2.

[272] *Discours lors de la rencontre œcuménique,* Riga - Lettonie (24 septembre 2018) : *L'Osservatore Romano,* éd. en langue française (4 octobre), p. 7.

[273] *Lectio divina à l'Université Pontificale du Latran* (26 mars 2019) : *L'Osservatore Romano,* éd. en langue française (16 avril 2019), p. 6.

– c'est le sens de "catholique" – l'Église peut comprendre, à partir de son expérience de grâce et de péché, la beauté de l'invitation à l'amour universel. Car « tout ce qui est humain nous regarde. [...] Partout où les assemblées des peuples se réunissent pour établir les droits et les devoirs de l'homme, nous sommes honorés quand ils nous permettent de nous asseoir au milieu d'eux ».[274] Pour de nombreux chrétiens, ce chemin de fraternité a aussi une Mère, appelée Marie. Elle a reçu au pied de la Croix cette maternité universelle (cf. *Jn* 19, 26) et elle est pleine de sollicitude, non seulement pour Jésus, mais aussi pour le « reste de ses enfants » (*Ap* 12, 17). Forte du pouvoir du Ressuscité, elle veut enfanter un monde nouveau où nous serons tous frères, où il y aura de la place pour chacun des exclus de nos sociétés, où resplendiront la justice et la paix.

279. Nous, chrétiens, nous demandons la liberté dans les pays où nous sommes minoritaires, comme nous la favorisons pour ceux qui ne sont pas chrétiens là où ils sont en minorité. Il y a un droit fondamental qui ne doit pas être oublié sur le chemin de la fraternité et de la paix. C'est la liberté religieuse pour les croyants de toutes les religions. Cette liberté affirme que nous pouvons « trouver un bon accord entre cultures et religions différentes ; elle témoigne que les choses que nous avons en commun sont si nombreuses

[274] St. Paul VI, Lettre enc. *Ecclesiam suam* (6 août 1964), n. 101 : *AAS* 56 (1964), p. 650.

et si importantes qu'il est possible de trouver une voie de cohabitation sereine, ordonnée et pacifique, dans l'accueil des différences et dans la joie d'être frères parce que enfants d'un unique Dieu ».[275]

280. En même temps, nous demandons à Dieu de renforcer à l'intérieur de l'Église l'unité, laquelle s'enrichit des différences qui s'harmonisent par l'action de l'Esprit Saint. En effet, « c'est en un seul Esprit que nous tous avons été baptisés en un seul corps » (*1 Co* 12, 13) où chacun apporte sa contribution spécifique. Comme le disait saint Augustin : « L'oreille voit à travers l'œil, et l'œil entend à travers l'oreille ».[276] Il est aussi urgent de continuer à témoigner d'un cheminement de rencontre entre les différentes confessions chrétiennes. Nous ne pouvons pas oublier ce désir exprimé par Jésus-Christ : « Que tous soient un » (*Jn* 17, 21). Ecoutant son appel, nous reconnaissons avec tristesse que la contribution prophétique et spirituelle de l'unité entre tous les chrétiens manque encore au processus de globalisation. Toutefois, « en faisant ensemble cette route vers la pleine communion, nous avons maintenant le devoir d'offrir le témoignage com-

[275] *Discours aux Autorités*, Bethleem - Palestine (25 mai 2014) : *L'Osservatore Romano,* éd. en langue française (29 mai 2014), p. 7.

[276] *Enarrationes in Psalmos,* 130, n. 6 : *PL* 37, col. 1707.

mun de l'amour de Dieu envers tous, en travaillant ensemble au service de l'humanité ».[277]

Religion et violence

281. Un cheminement de paix est possible entre les religions. Le point de départ doit être le regard de Dieu. Car « Dieu ne regarde pas avec les yeux, Dieu regarde avec le cœur. Et l'amour de Dieu est le même pour chaque personne, quelle que soit sa religion. Et si elle est athée, c'est le même amour. Au dernier jour et quand il y aura la lumière suffisante sur la terre pour voir les choses telles qu'elles sont, il y aura des surprises ! ».[278]

282. Aussi, « les croyants ont besoin de trouver des espaces où discuter et agir ensemble pour le bien commun et la promotion des plus pauvres. Il ne s'agit pas de vivre plus *light* ou de cacher les convictions qui nous animent afin de pouvoir rencontrer les autres qui pensent différemment. [...] Parce que, plus une identité est profonde, solide et riche, plus elle tendra à enrichir les autres avec sa contribution spécifique ».[279] En tant que croyants, nous nous trouvons face au défi de retourner à nos sources pour nous concentrer

[277] *Déclaration commune du Pape François et du Patriarche Œcuménique Bartholomée*, Jérusalem (25 mai 2014), n. 5 : *L'Osservatore Romano,* éd. en langue française (29 mai 2014), p. 11.

[278] Du film *Le Pape François – Un homme de parole. L'espérance est un message universel*, de Wim Wenders (2018).

[279] Exhort. ap. *Querida Amazonia* (2 février 2020), n. 106.

sur l'essentiel : l'adoration de Dieu et l'amour du prochain, de manière à ce que certains aspects de nos doctrines, hors de leur contexte, ne finissent pas par alimenter des formes de mépris, de haine, de xénophobie, de négation de l'autre. La vérité, c'est que la violence ne trouve pas de fondement dans les convictions religieuses fondamentales, mais dans leurs déformations.

283. Le culte sincère et humble de Dieu « conduit non pas à la discrimination, à la haine et à la violence, mais au respect de la sacralité de la vie, au respect de la dignité et de la liberté des autres, et à l'engagement affectueux pour le bien-être de tous ».[280] En réalité, « celui qui n'aime pas n'a pas connu Dieu, car Dieu est Amour » (*1Jn* 4, 8). C'est pourquoi « le terrorisme détestable qui menace la sécurité des personnes, aussi bien en Orient qu'en Occident, au Nord ou au Sud, répandant panique, terreur ou pessimisme n'est pas dû à la religion – même si les terroristes l'instrumentalisent – mais est dû à l'accumulation d'interprétations erronées des textes religieux, aux politiques de faim, de pauvreté, d'injustice, d'oppression, d'arrogance ; pour cela, il est nécessaire d'interrompre le soutien aux mouvements terroristes par la fourniture d'argent, d'armes, de plans ou de justifications, ainsi que par la couverture médiatique, et de considérer tout cela comme des

[280] *Homélie lors de la Sainte Messe*, Colombo – Sri Lanka (14 janvier 2015) : *L'Osservatore Romano,* éd. en langue française (15 janvier 2015), p. 4.

crimes internationaux qui menacent la sécurité et la paix mondiale. Il faut condamner ce terrorisme sous toutes ses formes et ses manifestations ».[281] Les convictions religieuses sur le sens sacré de la vie humaine nous permettent de « reconnaître les valeurs fondamentales de la commune humanité, valeurs au nom desquelles on peut et on doit collaborer, construire et dialoguer, pardonner et grandir, en permettant à l'ensemble des diverses voix de former un chant noble et harmonieux, au lieu de hurlements fanatiques de haine ».[282]

284. La violence fondamentaliste est parfois déclenchée, dans certains groupes de l'une ou l'autre religion, par l'imprudence de leurs responsables. Mais « le commandement de la paix est profondément inscrit dans les traditions religieuses que nous représentons. [...] Les *chefs* religieux sont appelés à être de véritables "personnes de dialogue", à œuvrer à la construction de la paix non comme des intermédiaires mais comme d'authentiques médiateurs. Les intermédiaires cherchent à faire des remises à toutes les parties dans le but d'en tirer un gain personnel. En revanche, le médiateur est celui qui ne garde rien pour lui, mais qui se dépense généreusement, jusqu'à se laisser consumer, en sachant que

[281] *Document sur la fraternité humaine pour la paix mondiale et la coexistence commune*, Abou Dhabi (4 février 2019) : *L'Osservatore Romano,* éd. en langue française (12 février 2019), p. 12.

[282] *Discours aux Autorités*, Sarajevo - Bosnie-Herzégovine (6 juin 2015) : *L'Osservatore Romano,* éd. en langue française (11 juin 2015), p. 4-5.

l'unique gain est celui de la paix. Chacun de nous est appelé à être un artisan de paix, qui unit au lieu de diviser, qui étouffe la haine au lieu de l'entretenir, qui ouvre des chemins de dialogue au lieu d'élever de nouveaux murs ».[283]

APPEL

285. Lors de cette rencontre fraternelle, dont je garde un heureux souvenir, le Grand Imam Ahmad Al-Tayyeb et moi-même avons déclaré « fermement que les religions n'incitent jamais à la guerre et ne sollicitent pas des sentiments de haine, d'hostilité, d'extrémisme, ni n'invitent à la violence ou à l'effusion de sang. Ces malheurs sont le fruit de la déviation des enseignements religieux, de l'usage politique des religions et aussi des interprétations de groupes d'hommes de religion qui ont abusé – à certaines phases de l'histoire – de l'influence du sentiment religieux sur les cœurs des hommes. [...] En effet, Dieu, le Tout-Puissant, n'a besoin d'être défendu par personne et ne veut pas que Son nom soit utilisé pour terroriser les gens ».[284] C'est pourquoi je veux reprendre ici l'appel à la paix, à la justice et à la fraternité que nous avons fait ensemble :

[283] *Discours lors de la Rencontre Internationale pour la Paix organisée par la communauté de San Egidio* (30 septembre 2013) : *L'Osservatore Romano,* éd. en langue française (3 octobre 2013), p. 16.

[284] *Document sur la fraternité humaine pour la paix mondiale et la coexistence commune,* Abou Dhabi (4 février 2019) : *L'Osservatore Romano,* éd. en langue française (12 février 2019), p. 11.

« Au nom de Dieu qui a créé tous les êtres humains égaux en droits, en devoirs et en dignité, et les a appelés à coexister comme des frères entre eux, pour peupler la terre et y répandre les valeurs du bien, de la charité et de la paix.

Au nom de l'âme humaine innocente que Dieu a interdit de tuer, affirmant que quiconque tue une personne est comme s'il avait tué toute l'humanité et que quiconque en sauve une est comme s'il avait sauvé l'humanité entière.

Au nom des pauvres, des personnes dans la misère, dans le besoin et des exclus que Dieu a commandé de secourir comme un devoir demandé à tous les hommes et, d'une manière particulière, à tout homme fortuné et aisé.

Au nom des orphelins, des veuves, des réfugiés et des exilés de leurs foyers et de leurs pays ; de toutes les victimes des guerres, des persécutions et des injustices ; des faibles, de ceux qui vivent dans la peur, des prisonniers de guerre et des torturés en toute partie du monde, sans aucune distinction.

Au nom des peuples qui ont perdu la sécurité, la paix et la coexistence commune, devenant victimes des destructions, des ruines et des guerres.

Au nom de la “ *fraternité humaine*” qui embrasse tous les hommes, les unit et les rend égaux.

Au nom de cette *fraternité* déchirée par les politiques d'intégrisme et de division, et par les systèmes de profit effréné et par les tendances idéologiques haineuses, qui manipulent les actions et les destins des hommes.

Au nom de la liberté, que Dieu a donnée à tous les êtres humains, les créant libres et les distinguant par elle.

Au nom de la justice et de la miséricorde, fondements de la prospérité et pivots de la foi.

Au nom de toutes les personnes de bonne volonté, présentes dans toutes les régions de la terre.

Au nom de Dieu et de tout cela, [… nous déclarons] adopter la culture du dialogue comme chemin ; la collaboration commune comme conduite ; la connaissance réciproque comme méthode et critère ».[285]

***

286. Dans ce cadre de réflexion sur la fraternité universelle, je me suis particulièrement senti stimulé par saint François d'Assise, et également par d'autres frères qui ne sont pas catholiques : Martin Luther King, Desmond Tutu, Mahatma Mohandas Gandhi et beaucoup d'autres encore. Mais je voudrais terminer en rappelant une autre personne à la foi profonde qui, grâce à son expérience intense de Dieu, a fait un cheminement de transformation jusqu'à se sentir le frère de tous les hommes et femmes. Il s'agit du bienheureux Charles de Foucauld.

[285] *Ibid.*, p. 10.

287. Il a orienté le désir du don total de sa personne à Dieu vers l'identification avec les derniers, les abandonnés, au fond du désert africain. Il exprimait dans ce contexte son aspiration de sentir tout être humain comme un frère ou une sœur,[286] et il demandait à un ami : « Priez Dieu pour que je sois vraiment le frère de toutes les âmes [...] ».[287] Il voulait en définitive être « le frère universel ».[288] Mais c'est seulement en s'identifiant avec les derniers qu'il est parvenu à devenir le frère de tous. Que Dieu inspire ce rêve à chacun d'entre nous. Amen !

Prière au Créateur

Seigneur et Père de l'humanité,
toi qui as créé tous les êtres humains avec la même dignité,
insuffle en nos cœurs un esprit de frères et sœurs.
Inspire-nous un rêve de rencontre, de dialogue, de justice et de paix.
Aide-nous à créer des sociétés plus saines
et un monde plus digne,
sans faim, sans pauvreté, sans violence, sans guerres.

[286] Cf. Charles de Foucauld, *Méditations sur le Notre Père* (23 janvier 1897).

[287] Id., *Lettre à Henry de Castries* (29 novembre 1901).

[288] Id., *Lettre à Madame de Bondy* (7 janvier 1902). C'est ainsi que saint Paul VI aussi le désignait, en louant son engagement : *Populorum progressio* (26 mars 1967), n. 12 : *AAS* 59 (1967), p. 263.

Que notre cœur s'ouvre
à tous les peuples et nations de la terre,
pour reconnaître le bien et la beauté
que tu as semés en chacun
pour forger des liens d'unité, des projets communs,
des espérances partagées. Amen !

Prière chrétienne œcuménique

Notre Dieu, Trinité d'amour,
par la force communautaire de ton intimité divine
fais couler en nous le fleuve de l'amour fraternel.
Donne-nous cet amour qui se reflétait dans les gestes de Jésus
dans sa famille de Nazareth et dans la première communauté chrétienne.

Accorde aux chrétiens que nous sommes de vivre l'Évangile
et de pouvoir découvrir le Christ en tout être humain,
pour le voir crucifié
dans les angoisses des abandonnés et des oubliés de ce monde
et ressuscité en tout frère qui se relève.

Viens, Esprit Saint, montre-nous ta beauté
reflétée en tous les peuples de la terre,
pour découvrir qu'ils sont tous importants, que tous sont nécessaires, qu'ils sont des visages

différents de la même humanité que tu aimes. Amen !

Donné à Assise près la tombe de saint François, le 3 octobre de l'année 2020, veille de la fête du "Poverello", la huitième de mon Pontificat.

Franciscus

TABLE DES MATIÈRES

Troisième Chapitre

PENSER ET GÉRER UN MONDE OUVERT

Quatrième Chapitre

UN CŒUR OUVERT AU MONDE

CINQUIÈME CHAPITRE

LA MEILLEURE POLITIQUE

SIXIÈME CHAPITRE

DIALOGUE ET AMITIÉ SOCIALE

Septième Chapitre

DES PARCOURS POUR SE RETROUVER

Huitième Chapitre

LES RELIGIONS AU SERVICE DE LA FRATERNITÉ DANS LE MONDE

Achevé d'imprimer en octobre 2020
dans les ateliers de Normandie Roto Impression s.a.s.
61250 Lonrai
N° d'impression : 2004079
Dépôt légal : octobre 2020

Imprimé en France

